証言 昭和史の謎

別冊宝島編集部

宝島社新書

はじめに

昭和とは、果たしていかなる時代だったのか。

「激動の」「未曾有の」「空前絶後の」といった、ギラつく枕詞で語られてきた時代である。「一億総火の玉」として噴き上がり焼け野原になった先の大戦を経て、「一億総中流」を目指した「所得倍増」の時代を駆け上り、そして崩壊へのカウントダウンとなった空前の「バブル経済」など、いくつもの光と影が目まぐるしく通り過ぎた時代でもあった。予定調和の見えない濁流の中で、いくつもの「大事件」が、社会を震撼させ、あるいは熱狂させてきた。

ところが今、数々の事件を振り返って改めて痛感する。どれもこれも、およそ「総括」しきれぬまま、「真相」を見ぬままに、私たちは時代の勢いに押し流されて昭和を脱ぎ捨ててしまったことを。

社会に刻み込まれたいくつもの傷に蓋をして、私たちは平成の「失われた30年」に突入。さらに時代は令和となり、昭和の熱狂ははるか彼方《かなた》に過ぎ去った――。かのように思われた。しかし、ひとたび蓋をこじ開けてみれば、その傷は、歴史として語るにはまだあまりに生々しいことに気づかされる。

田中角栄はなぜロッキード事件で失脚したのか。3億円事件はなぜ迷宮入りしたのか。学生運動はなぜ連合赤軍事件という最悪の結末を迎えたのか。日航機墜落現場を目前に、各県警の機動隊員が足止めをくらったのはなぜなのか。

その真相に光を当てることは、すなわち、今を生きる私たちの社会の「土台」に目を凝らすことにほかならない。

昭和史の謎から、令和のニッポンを照射する。それが、本書の狙いである。

別冊宝島編集部

目次

第二章　闇に消えた「真犯人」

第三章　スポーツ界の「黒い霧」

第四章　昭和スターの事件簿

※本文中の敬称は一部省略しています。

第一章　昭和七大ミステリー

三億円事件①

〝白バイの男〟にはモデルがいた――「モンタージュ写真」驚愕の真実

いまから半世紀以上前の１９６８（昭和43）年12月10日、東京・府中市で発生した「三億円事件」。

東芝従業員のボーナスを積んだ現金輸送車がニセの白バイに乗った男にクルマごと奪われ、現金約３億円（現在の貨幣価値で約20億円）が強奪されたこの犯罪史上に残る大事件は、１９７５年12月10日に公訴時効が成立。昭和最大の未解決事件のひとつとしていまも多くの謎が残されたままになっている。

事件発生から半世紀以上の月日が経過し、事件を知らない世代も多くなってはいるが、いまなお強烈なインパクトを残す「三億円事件の象徴」がある。それが犯人とされる「モンタージュの男」の顔写真だ。

事件直後の現場。白バイは乗り捨てられていた

白バイのヘルメットをかぶった、精悍《せいかん》な若者の肖像——この写真は、事件発生から11日目の1968年12月21日に警視庁が公開したものだった。

だが、捜査関係者の間で「モンタの男」と呼ばれたこの写真は、三億円事件発生の前年に28歳で死去した、事件とは全く無関係の青年Ｉ氏の写真をほぼ流用したものだった。

この驚くべき事実を初めて詳細に示したのは、事件から12年後、『文藝春秋』（1980年8月号）に掲載されたレポート『「顔」の疑惑』（小林久三・近藤昭二）であったと思われる。

事件発生から時効まで7年もの間、国民が「総刑事」と化して探し続けた「モンタージュの男」が、はっきりとした根拠もなく拙速に作成された、デッチ上げのような写真だったことの衝撃はあまりに大きかった。

捜査の迷走と迷宮入りを象徴するこのモンタージュ写真はどのようにして作られたのか。当時の捜査資料をもとに振り返ってみる。


三億円事件発生から11日目の12月21日、警視庁は1枚の「モンタージュ写真」を公開した。

それが有名な「白バイの男」の顔である。

三億円事件の象徴ともいうべきこのモンタージュ写真は、犯人の顔を目撃していた、現金輸送車に乗っていた4人の日本信託銀行行員からの聞き取りをもとに、警視庁鑑識課の前田正雄主任技師が作ったものとされた。

前田正雄は「モンタージュの神様」と呼ばれた伝説の技官で、もとはといえば松竹大船撮影所のスチールカメラマンだった。

前田の名を一躍有名にしたのは、1961年に起きた「芦ノ湖殺人事件」である。同年6月7日、箱根にある芦ノ湖の笹藪から死後1カ月経った白タク運転手の遺体が発見された。

だが捜査は難航し、事件は迷宮入り、捜査本部が解散した。そのあとになって、銭湯の壁に貼り続けられたモンタージュ写真を見た男が警察に届け出て、262日ぶりに犯人が検挙されたという事件。このとき犯人の宍倉慶治（当時24歳）は、「あまりにもモンタージュ写真が自分と似ているので、危ないと思っていた」と語っている。

そんな前田が手がけたのだから、この「白バイの男」もかなりの信憑性はあるはずだった。

犯行当日、東芝従業員のボーナス約3億円を積んだ日本信託銀行の現金輸送車は、府中刑務所沿いの道を走行中、ニセの白バイに停止を求められ、さらに「爆弾が仕掛けられている！」と退避を命じられた。

クルマの下から白煙が上がり（もちろん犯人が用意していたもの）、4人が慌ててキーをつけたまま逃げると、犯人は白バイを放置したまま現金輸送車を乗っ取り、そのまま猛スピードで逃走したのである。

当時、現金を強奪された4人の行員は、犯人像について次のように証言した。

関谷（運転手）……23、4歳。168センチ、やせ型、細おもて、色白、きれいな目、まゆ毛ははっきりしていた。鼻筋が通り神経質にみえた。東京弁で好男子。

中田（資金係長）……22、3歳。167センチぐらい、面長、色白、ヘルメットに黒革ジャンパー、黒ズボン、半長靴《はんちょうか》、ヘルメットにマイクがついて黒革バンドをジャンパーの上にとめていた。

高橋……23、4歳、やせ型で面長、色白、ひ弱な感じ、白ヘルにマフラー、マスクなし、革の茶色コート、同じズボン。

古川……20～22歳ぐらい、160～165センチ、やせ型、面長、色白、目がとてもきれい、坊ちゃん、坊ちゃんした育ちがいい感じ、言葉はていねいだった。白ヘルに黒革ジャンパー、手袋も黒革、マフラーなし、肩からバンドをつっていたような感じ。

これらの証言をもとに警視庁はモンタージュを作成。するとその効果は抜群で、モンタージュ公表後は捜査本部に寄せられる情報の9割以上が「顔写真に似ている男がいる」というものだったという。

しかし、似ている男はいても、いっこうに犯行と結びつく人物は浮上しない。逆に、モンタージュと似ていない人物は、無条件に事件と無関係と判断されるなど、この1枚の写真が捜査に与えた影響は絶大なものだった。

「モンタージュ」を疑った平塚八兵衛

事件発生から約4カ月後、このモンタージュ写真の意味と信憑性を疑問視する男が登場する。警視庁で「捜査の神様」と呼ばれた名刑事、平塚八兵衛である。

徹底した緻密な捜査と厳しい取調べで知られた平塚は1963年に発生し、迷宮入りしかけた「吉展ちゃん誘拐殺人事件」を独自の捜査で解決に導いた実績がある。

警視庁は、事件発生から迷走を続けていた三億円事件の捜査に「切り札」とも言える平塚を投入し、打開を図ったのだった。

平塚は、警察内部でタブーとされる「ケツを洗う」捜査を始めた。つまり、これまでの捜査で明らかにされた事実関係をもう一度、調べなおす作業である。本来であれば同僚を疑う行為をしないのが警察の不文律であるが、「神様」である平塚にモノを言える者は誰もいなかった。

平塚は、このモンタージュ写真の作成経緯を調べ直し、次のような事実関係をつかんだ。

①4人の目撃行員から証言を得ているが、実際にモンタージュ作成にかかわったのは運転手1人だけだった。しかも、目や鼻、口などの膨大な写真の中から選んだパーツを組み合わせるというモンタージュ作成に必要な作業が行われた形跡がなかった。

②事件から5日後、現役白バイ隊員の息子（当時19歳）が不審な自殺を遂げており、

この少年が事件への関与を疑われていたことや、モンタージュの写真と少年の顔が酷似していることがわかった。

③現金輸送車に乗っていた日本信託銀行の行員4人は、現金を奪われた失態に対する責任感に悩まされており、警視庁の捜査員から目撃情報を聞かれても「覚えていない」と、正直に答えられない心理状況にあった。

事件発生から3日後、12月13日の警察での取調べに対し、4人はそれぞれ犯人の目撃情報を語ったが、その後日本信託銀行に戻った4人は「実は犯人の顔はよく見えなかった」という趣旨の報告をしていた。

そして平塚は、決定的な事実を知る。

焦った警視庁鑑識課が、前出の「モンタージュの神様」前田正雄に対し、迅速なモンタージュ作成を要請。

前田は専門家の立場から、行員たちの記憶レベルではモンタージュは作れないと抵抗した。

それでも大事件に浮き足立った捜査本部からの「とにかく作れ」という声に押し切られる形で、かつて18歳のときにバタフライナイフの不法所持で逮捕され、すでに事件前年、28歳で死去していた青年I氏の写真をほぼそのまま使用し、ヘルメットをかぶせただけの写真を「事件の犯人」として出した。これが真相だったのだ。

なぜI氏の写真が選ばれたのか——考えられる理由は、当時の捜査本部が前出の「自殺した白バイ隊員の19歳の息子」を真犯人と思っていたことである。I氏と自殺した少年の顔はよく似ていた。そして、死去した人物であれば後々問題になることはないという判断もあったのだろう。

後年、モンタージュを作成した前田正雄は雑誌の取材に対しこう語っている。

「警察の悪いクセですよ。とにかく作ってくれといって」

八兵衛が語ったモンタージュの「真相」

事件が時効を迎えた後、平塚八兵衛は、このモンタージュについて詳述している。そのなかで主要な内容を紹介しよう。

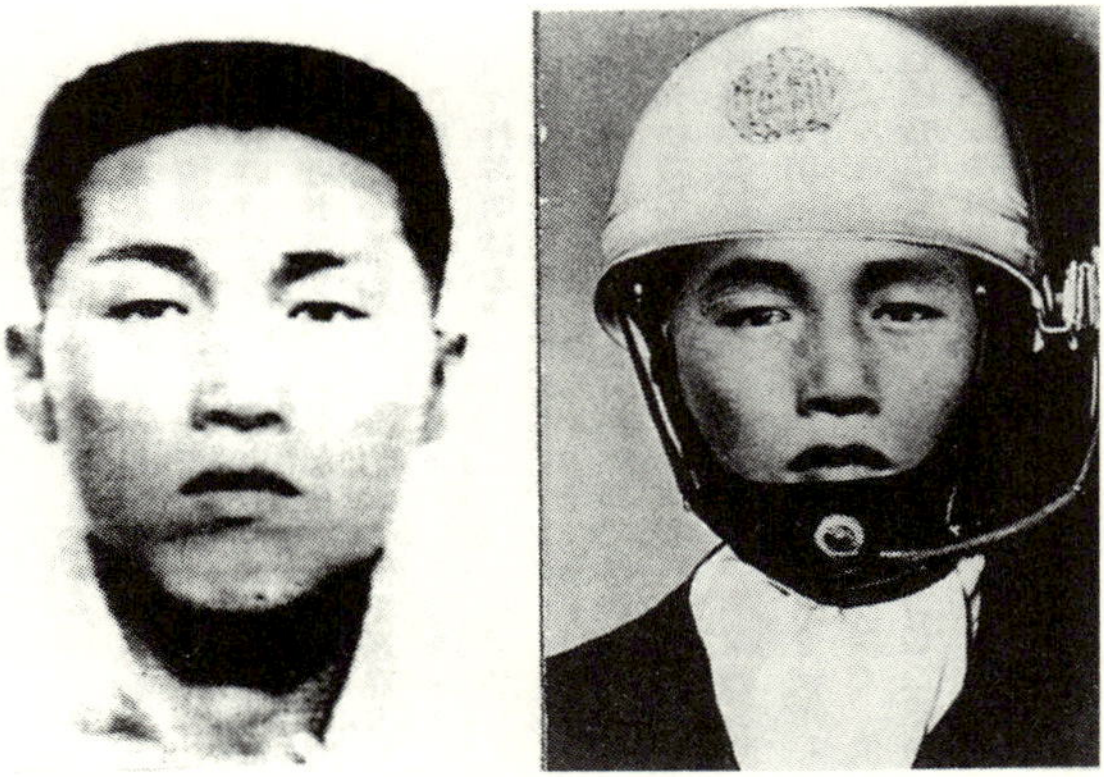

事件当時死去していたＩ氏（左）とモンタージュ写真

〈三億のモンタの土台になった被疑者写真ってのは、19歳の男だよ。府中署で窃盗かなんかでパクったんだ。福島県の出身だったな、たしか。この男はもう死んじゃっていねえよ。その顔写真にヘルメットをかぶせ、多少修整したんだろうが、そっくりだよ。〉

〈「古川さん（注＝現金輸送車に乗っていた日本信託銀行行員の１人）はノイローゼ気味になっている。それで、支店長から注意するようにいわれて、わたしが毎日、朝晩ついてるんです……」（日本信託銀行行

員）

「それはいったいなんのことだよ」。なぜノイローゼ状態になったか、わからねえもんだから、オレは聞き返したよ。

なんてことはない、責任を感じすぎて神経が過敏になったのさ。事件直後に、さてモンタージュを作る段になった。

そこで、犯人に似ている写真を何万枚も見せられたわけだ。警視庁でな。ところが、どれを見ても犯人に見えてくる。どの写真を引っ張り出していいかわからねえ。自分なりに引っ張り出すんだが、他の3人に見せると「違うよ」と一発でやられたらしい。そこで、みんなが引っ張り出すのを横目で見ながら、それに似た写真を抽出したというんだな。

さあ、そういう悩みを通勤する国電の中で同僚にもらしたという。

オレはそれを聞いて、また古川さんを呼んだよ。8月18日だった。

「あんた、犯人の顔を見てねえっていうじゃないか」

ズバリやったわけだ。そしたら、確かに見てねえという返事だ。

「ホントに見てねえのか？」

「ホントに見ていない」

「なんで、こんなことになったんだ」

オレもしつこく聞いた。

そこで、古川さんがいうには「犯人が窓ぎわから話しかけてきたとき、関谷運転手の真うしろで、腰を深くかけていたので、窓わくが邪魔になって、顔は見えなかった」

わずかに、関谷運転手とのやりとりの間に、犯人の鼻の頭だけがチラチラと見えかくれしたっていうんだ。しかも、鼻の頭の左半分だけだっていうから、念が入ってる。

「モンタージュを作ったときの調書では実にあざやかに犯人像をうたってるが、こんどはずいぶん違う証言じゃねえか」

「あれはみんな刑事さんが書いたんですよ」

オレはもうあきれかえって、こんな調子じゃモンタージュは信用できねえ、そう

思ったね〉（佐々木嘉信著、産経新聞社編『刑事一代　平塚八兵衛の昭和事件史』新潮文庫）

平塚の別の告白も紹介しよう。

〈私は（昭和）44年の8月14日に、関谷さんから話を聞いて、いったん帰ってもらったわけです。そうしたら、その翌日に、支店の岡さんという当時37歳の人を、警察に連れてきたわけです。そして「この人にヘルメットをかぶせたような感じでもある」というんです。

それで「おかしいじゃないですか。ホシはずいぶん若いようなことを言ってたのに」といったわけですよ。岡さんは37歳だと言うんですから。

それでも「この人にかぶせても、感じは合いますよ」と言うんですよ。

私はその年の9月25日の係長会議で、これらの事実を根拠にして、モンタージュが違う、年齢もずれていると、発言してます。そしたら、指揮者であった木川課長

代理から、銀行の人たちは、犯人がつかまらないので証言を変えてきたのだ、最初の証言が正確だと一蹴されちゃったんです〉

〈去年（昭和49年）はじめて、私はどこかのテレビで、モンタージュがだめだということを1回言ったんです。これは上司に何も相談しないで、やっちゃったんだよな。

そうしたら、去年の12月13日に、中田さん（注＝現金輸送車に乗っていた資金係長）が2年ぶりに本部へあらわれたんですよね。私は、私がモンタージュが違うということをテレビを通じてしゃべったから、抗議にきたと思って、実際緊張したんだよ。それで「中田さん、今日はなんですか」と言ったら「ごぶさたしました」と言いながら椅子に座って「実はほっとしたんですよ」と、こういう言葉なんだ。

何だい、ほっとしたというのはと言ったら「平塚さんからモンタージュが違っているという発表をしてもらって、ほっとしたんです。実際、あれには自信はないし、自分たちもいつかは、違っていると言おう言おうと思いながら、雰囲気で言えなかったんです」と、こういう言葉だったんですね。

それでぼくが「あんたの顔を見たとき、これは抗議にきたんじゃないかと思って、私は緊張しましたよ」と言ったら「いや、犯人の顔にホクロがあったとか傷があったとか言ったって、もしあっても私らはきづいていません」と言うんです。

「じゃあ、どうしてこういうモンタージュができたんですかね」と言ったら「私が作ったわけじゃないですよ」と、こう言うんだ。

（中略）中田さんが言うには「翌日になって、刑事さんがモンタージュを持ってきたから、これは感じが違うということを、私は申し上げてる。そのとき、関谷運転手も同席して、ここを修正してくれ、あそこを修正してくれということを言っておった。それで、修正しますと言って持って帰ったから、当然してくれるんだと思ったら、翌日の朝、そのままモンタージュ写真として新聞に発表になった。それで、その新聞を4人で持ち合って、どうしようということまで話し合ってる。これが真相ですよ」と〉（平塚八兵衛『3億円事件　ホシはこんなやつだ』みんと社）

平塚の説明には多分のエクスキューズが含まれているが、それでもこの「モンタージュ」こそが、初動捜査の間違いの最たるものであったという指摘は、一般市民の感覚からしても頷《うなず》ける部分がある。

50年前の情報環境では、警察が発表したモンタージュ写真の信頼度は絶大で、まさかこんなにずさんな「作品」が公表されているとは夢にも思わなかったはずだからだ。

結局、あの三億円事件で「モンタージュに似ている」という情報には、さしたる意味がなかった。しかし「1億人を騙《だま》した顔」はいまも、鮮やかな記憶となって多くの国民の脳裏に刻まれている。

三億円事件②

痛恨の「誤認逮捕」と犯人と疑われた男の悲劇

戦後最大級の現金強奪劇、三億円事件（1968年）。未解決のまま1975年に時効を迎えたこの大事件は、その取材合戦もまた過去最大級のスケールとなり、情報の洪水のなかで、取材者と取材対象者の間に数々の軋轢《あつれき》を生み出すこととなった。

なかでも、事件1年後の1969年12月12日、府中市に住む運転手・K氏（当時26歳）が「重要参考人」と報じられた一件は、いまなお報道史に残る「悲劇」として語り継がれている。

〈三億円事件に重要参考人〉

毎日新聞が、他紙の警視庁詰め記者を真っ青にさせる超特大のスクープを放ったのは、事件発生からちょうど1年が経過した1969年12月12日、金曜日のことである。

それまで、各紙がサミダレ的に報じてきた「容疑者浮上」の記事とは違い、そのトーンと迫力には「これぞ真犯人」と思わせるに十分な押し出しがあった。

重要参考人は、府中市に住む26歳の運転手、K氏。

記事は、K氏に疑いがかけられている理由を次のように伝えている。

①住まいや牛乳店アルバイト、タクシー運転手の経験で、現金強奪に先立って展開されていた多磨農協脅迫事件の府中市内、三億円事件の各現場の地理に精通している。

②高校卒業後、テレックス、仮名タイプ学院に通学したことがあり、脅迫状とみられる仮名文字を小刻みに切る「分かち書き」にくわしい。

③血液型はB型で、昨年（1968年）12月6日、日本信託銀行国分寺支店の藤巻和夫支店長（当時）あてに出された脅迫状の切手（50円2枚）の血液型と一致する。
④昨年（1968年）8月、府中市内で朝日新聞多摩版に脅迫文を書いた〈壁新聞〉が貼られたが、Kも朝日新聞の購読者で、しかも同年7月25日、多磨農協に対する5回目の脅迫のさい、現場近くの明星高校教員宅にかけてきた電話の声とよく似ている。
⑤免許証は「普通」「自動二輪」などを持ち、運転歴は数年で運転技量とも抜群である。

果たして、このスクープが掲載された朝刊の配達が始まった早朝、警視庁の刑事がK氏の自宅を訪れ、任意同行を求めたのである。

限りなくグレーな「容疑者」

K氏についての容疑が捜査本部で俎上《そじょう》にあがったのは、事件発生から約1年後となる1969年11月18日のことであった。

このころ捜査本部では、多磨農協脅迫や日本信託銀行支店長宅爆破予告など一連の脅迫状の「再鑑定」に着手。その筆跡から性格や職業像にアプローチする試みを続けていた。

そのとき、それまで謎とされていた、犯人が強調するために使用する「●－●－●」の記号について、東京加入電信会専務理事の吉崎三造から重要な証言が飛び出したのである。

「テレックスの送信記号には○－○－○というのがある。マスターしていないとテレックスの操作は難しい」

分かち書きやカタカナの使い方から、犯人がカナタイプ経験者の可能性が濃厚との意見はその前からあった。捜査本部は都内のテレタイプ学院生徒や、三多摩地区の388のテレックス導入所を調査した結果、「モンタージュに似ている、カナタイプ学院卒業生にKという青年がいる」という報告があがってきたのである。

Kは、前述の記事が指摘する点のほか、

①ジュラルミンケースの土と土質が似ているといわれた恋ヶ窪に住んでいたことがある。
②ホンダの350ccバイクに乗っている。三億円事件の白バイはヤマハの350cc。
③Kの出身高校では、ヒザ下10センチの紺色レインコート着用を生徒に指示していた。
④原稿用紙によく小説を書いていた。
⑤日本信託銀行あて脅迫状で金の受け渡し場所に指定された「小金井市第二浄水場」近くの牛乳店で1963年3月から1966年10月にかけて働いていた。
⑥牛乳の配達区域にセドリック乗り捨ての「第2現場」が含まれている。
⑦高校3年のころ、多磨農協近くのコンクリート会社でアルバイトをしたことがある。

といったような「グレー」な材料があった。

捜査本部は、K氏の写真を現金輸送車の4人と、当日、犯人のクルマに泥水を浴びさせられた主婦に見せたところ「全般的に似ている」「これまで見せられた写真の中では一番良く似ている」「目がやさしすぎる」などといった証言を得た。

ここまでの材料を見ると、すでにK青年の容疑は「限りなく黒に近づいた」という印象を与えた。事件当日のアリバイもはっきりしない。

捜査本部は、K氏が書いた手紙を友人から秘密裏に入手し、警視庁科学検査所（当時）の町田欽一文書鑑定課長に鑑定を依頼した。

だが、ここで意外とも言える結論が出た。「絶対に筆跡が違う」というのである。

その他にも、解せない事実があった。K氏が7月30日に質店に入質していたこと、あるいは直近の11月にも就職用の成績証明書を母校の高校に取りにいっていることである。大金を強奪しながら金回りに変化がないのはおかしい。

捜査本部は、極めて慎重にK氏に対する極秘の身辺調査を続けることを決めた。

しかし、三億円事件を陣頭指揮する「捜査の神様」平塚八兵衛刑事には独自の考えがあった。

深夜に呼び出された新聞記者

記事の出る前日である12月11日、夜10時。自宅に戻っていた平塚八兵衛の家に、1本の電話がかかってきた。

「今日は、何もないですね」

毎日新聞の警視庁担当記者・井草隆雄だった。

平塚は一呼吸置いたあと、こう切り返した。

「いま、どこにいるんだよ」

「今日は泊まりです」

「……来いよ」

井草は中目黒に建つ、平塚の家へ向かった。

毎日新聞警視庁担当記者・井草隆雄は、気難しい平塚八兵衛が心を許す、数少ない記者のひとりであった。

あの「吉展ちゃん事件」でも、毎日新聞は平塚八兵衛の捜査方針を擁護。後に真犯人・小原保の自白で平塚の正しさが証明されたという関係もある。

井草を自宅に上げた平塚は〈極秘〉と書かれた捜査資料を机に置いた。

それはK氏に関する容疑がまとめられた資料だった。

井草はそれを夢中で書き写した。平塚がつぶやくように言う。

「筆跡が違うんだよなぁ」

井草は「まだ書けないネタだな」と思った。

井草は本社に戻り、サブキャップに話をした。すると、サブキャップは驚いて
「それは書かなきゃだめだ」と強く迫った。

三億円事件の真犯人スクープ――それは、当時の大手紙社会部にとって、最大の勲章だった。井草は、筆跡が違うことなど否定材料を入れるという条件でさっき見せられた資料をもとに原稿を書いた。最終締め切りの午前1時が目前に迫っていた。

このとき、ひとつのアクシデントが起きた。

井草の話を横で聞いていた毎日の同僚記者が、慌てて警視庁刑事部長・土田国保（当時）に電話し、その内容を当ててしまったのだ。

「Kを任意同行するという話は本当ですか？」

深夜の電話に土田は飛び上がらんばかりに驚き、記事を抑えようと毎日の社会部長を説得にかかる。しかし、すでに輪転機は回転を始めていた。

記事が出れば、K氏が逃亡する恐れもある。土田は、未明の身柄拘束を指示。午前6時、警視庁の刑事がK氏の自宅前に到着した。午前7時15分、任意同行に応じたK氏は三鷹署に入り、三億円事件の取調べが始まった。

主張した「アリバイ」が崩れる

K氏の態度は堂々としていた。

「私はその日、池袋の宝石会社に入社試験を受けに行っていました。間違いありません。当日は下宿先ではなく、父の家から行ったので覚えています。試験が終わったあと、昼食にカレーライスを食べました」

至急確認に走った刑事は、しかし、K氏のいう「池袋の会社」を見つけることができなかった。ここでK氏の疑いはさらに濃厚になった。

ここでついに「落としの八兵衛」が登場した。取調室から怒号が漏れた。

「バカ野郎！　お前以外に誰がやったと言うんだっ！」

平塚は、強い態度に出た。「こいつの言うことはヨタ話に決まっている……」しかし、K氏は一貫して三億円事件との関係を否定した。

午後10時半、脅迫容疑で別件逮捕。府中署にはすでに朝から入りきれないほどの記者が詰めかけている。

武藤三男捜査一課長が会見した。どこか、自信がないようにも見える。だが、記者たちのほうが「真犯人逮捕」を確信していた。

「ハチ（八兵衛）が入っている。これはもう間違いない」

翌朝13日、スクープを放った毎日新聞は、K氏の顔写真にヘルメットをかぶせ、あの有名なモンタージュ写真と並べ、「灰色の青春」と見出しを打った。日本中が事件の劇的な解決に沸き上がった。

ひとり、その紙面を苦々しくみつめる男がいた。文書鑑定課長の町田欽一である。

「これは大変なことになるぞ。あれほど違うといったのに……」

「容疑者」に頭を下げた平塚八兵衛

翌13日午前。平塚はなかなか自白しないK氏とまだ対峙《たいじ》していた。

午後2時。平塚あてに電話が入る。取調室を出て、戻ってきた平塚はこう語りだした。

「K君、悪かった……」

それは捜査本部にとって最悪のニュースだった。K氏のアリバイが出たのである。

K氏は12月10日、エムパイア・エアポート・サービス社の入社面接試験を受けに来ていた。試験には通らなかったものの、確かな記録が残っていた。報道を知った同社の社長が、自ら警視庁に知らせていた。試験は日本橋にある親会社の貿易会社で行われ、そこでカレーライスも食べていたのだった。

「池袋の会社」というのは、K氏の勘違いだった。ほんの小さなすれ違いのおかげで、取り返しのつかないことが起きてしまった。

K氏への取調べは直ちに打ち切られた。午後10時、武藤捜査一課長が記者会見した。

「重大な誤りでした。周辺の状況があまりにも揃いすぎていた。人権は十分考えたつもりだが、結果的にまるで犯人のような印象を与えてしまって誠に申し訳ない」

絞り出すような声であった。K氏は午後11時に釈放された。父子で会見に応じる。

「警察を恨んではいません」

その表情は晴れやかに見えた。

元毎日新聞記者の井草隆雄は、こう回想している。

「シロと聞いたときは呆然《ぼうぜん》として何もできなかった。自分でも暴走する社内の流れを止められなかった。それにしてもなぜ、あのときハチが入っていながら、事前にKのアリバイを調べていなかったのだろう。いまでも不思議に思う」

毎日新聞はこの誤報を受け、15日に異例の6段組でおわびの紙面を構成している。

後に井草は警視庁を退職した平塚と会った際、このような言葉をかけられたという。

「あのときは迷惑をかけたな」

釈放後に始まった本当の「地獄」

晴れて潔白を証明できたK氏であったが、本当の苦難はそこからはじまった。

きちんとしたアリバイがあり、釈放されたにもかかわらず、「そんなことを言っても、やはり怪しいところがなければ逮捕されないだろう」といった一般国民の好奇心は打ち消すことができなかったのである。

騒動のおかげで、事件当時勤務していたカナダ政府小麦局を退職したが、有名になりすぎたおかげでその後もなかなか就職できない。

そんな折、誤認逮捕から3カ月後の1970年3月、銀座の宝石商がK氏にアプローチしてきた。

「あなたの境遇は、あまりに見過ごせない。ぜひ私と養子縁組していただけないだろうか」

K氏はこの宝石商と養子縁組した。しかし、この宝石商はワルだった。同情心などまったくなく、近親者との資産をめぐるトラブルを有利に運ぶための口実だったのだ。

Ｋ氏は2年後、投げ出される形で養子縁組を解消されている。
そのトラブルを報道し続けたのは主に週刊誌などの雑誌であった。
〈あの三億円事件も3年たった　Ｋさんがやっとつかんだ「就職先」〉
〈あのＫさんの〝まだ何かに追われている〟〉

年末、事件発生日の12月10日が近づくと必ずこうした記事の取材記者に追いかけられ、談話を求められる。Ｋ氏はマスコミ不信に陥り、「手紙も見られてしまうんだ」と、ポストに南京錠を何個もつけなければならなかった。

「三億円があるといいね」

Ｋ氏は、誤認逮捕から約1年後の１９７１年1月、Ｍさんという年上女性と結婚している。Ｍさんが誤認逮捕のあとすぐにＫ氏に励ましの手紙を送り、それがきっかけで文通から交際に発展。結婚に至った。

Mさんは再婚で、子どもが1人。報道による人権侵害についての知識がある女性として、その世界では少し知られた存在だった。

Mさんは K氏との交際を機に、何度もK氏の自宅へやってくる取材記者たちの姿を見ることになる。

「そのころ彼が住んでいた東京・東府中のアパートにいくと、1時間もしないうちに何度もドアを叩く音がする。昼間は居留守を使えるが暗くなって灯をともすと今度は、どなり声。『いるのはわかっているんだ!』。取材者たちの叫び声だ。引きあげた頃を見計らって郵便ポストをのぞくと、雑誌社や通信社の名刺が何枚も放り込んである。やがて彼は、調布の私のアパートにいつくようになったがやはり〝追っ手〟がかけられた。数こそ減ったものの、脅迫文めいたメモが残してあったり望遠レンズで狙われることもあった。

K氏には当時、職がなかった。生活は苦しかった。ようやくありついた廃品回収の仕事も回った先で『三億円が廃品の中にあるといいね』などと嫌味を言われ、2カ月でやめてしまうハメになった。タクシーの運転手をしたときも客に『やっぱり

お前が犯人だろう』とからまれ、続けることができなくなってしまう」（『創』1988年9月号　Mさんの手記）

1975年12月、三億円事件の時効成立時には全盛期のような報道ラッシュが再びK氏を襲ったが、Mさんが必死で夫を守っている。

しかしメディアの取材はその後もやまず、K氏と妻のMさんは精神的に参ってしまい、入退院を繰り返すようになる。Mさんも1982年にクモ膜下出血で緊急入院する羽目になった。

マスコミ報道と闘った夫婦の「それから」

そして、運命の記事が出た。『アサヒ芸能』1984年10月11日号に掲載された「劇的事件　主役を襲ったその後の騒乱ドラマ」である。

〈転職を重ねた末やっとつかんだ平穏〉と題されたその記事には、家の全景、Mさんがベランダで洗濯物を干す写真、取材時にK氏が怒鳴ったこと、洗濯物の種類までが描写されていた。

Mさんの怒りは爆発した。K氏と相談して離婚し、たった1人の闘いを始めたのである。

まず、市役所と交渉し、第三者が戸籍と住民票を見ることができないようにした。そして大手新聞社、通信社、それにNHK、民放計12社に対し、映像や写真等の封印を申し入れたのである。

「私達は昭和43年12月10日に発生した三億円事件にまきこまれ、昭和44年12月12日警視庁三鷹警察署に別件逮捕され、14日釈放されたKと元配偶者のMです。三億円事件の被害者として事件後18年、今日でも誤認でありながら、三億円事件にからんだ逮捕当時の映像が使用されています。今後も報道されるおそれが充分にあります。そこで私達としては子どもに対する影響を考え、今後、私達の同意なき者に当時の映像を売買、又、貸し与える事を拒否致したく申し入れます」

これに対し、12社はおおむね前向きな回答を寄せた。

そして、国会図書館をはじめとする全国の図書館に置かれている新聞縮刷版。これについても削除・閲覧禁止の措置を取るべく新聞社を通じて交渉した。

結果、国民共通の文化財を部分削除するということはできなかったが、閲覧者に「プライバシー保護の観点から、関係者の人権を侵害することのないよう留意されたい」という趣旨のメッセージを添付することが認められたのである。

また、1988年までのものだけで200以上もの記事がストックされていた、雑誌資料館「大宅文庫」にも申し入れ、該当記事の削除に善処するとの返事を引き出した。

たった1人で「三億円事件」の二次被害と戦ったMさんだったが、ちょうどその区切りがついた1989年、46歳の若さで亡くなっている。また、K氏も2008年、精神を病んだ末に自死した。

三億円事件は人的被害がなく、銀行も保険をかけていたことで、犯人は誰も傷つけなかったと言う人がいる。奪われた2億9430万7500円をもじって「ニクシミのない強盗」とも呼ばれたが、事件の裏側には確かに悲劇が存在したのである。

グリコ・森永事件

〝重要参考人〟宮崎学氏が語った「似顔絵」の最終真実

文／寺澤有（ジャーナリスト）

『週刊文春』は1996（平成8）年10月3日号において〈グリコ・森永事件十二年目の真実「キツネ目の男」衝撃の手記〉と題する8ページのスクープを掲載した。

手記は近日発売される予定だった単行本『突破者』（宮崎学著、南風社）のダイジェスト。ところどころに次のような『週刊文春』編集部の解説が入っている。

〈一九八四年三月、グリコ社長・江崎勝久氏の拉致・監禁に端を発する、警察庁指定広域重要114号「グリコ・森永事件」。犯人はその後グリコ、丸大、森永、ハウス、西友など製菓会社・食品会社・スーパーを次々と脅迫、青酸ソーダ入り菓子をばらまくとともに、「かい人21面相」と名乗り企業、マスコミ、警察に脅迫状・挑戦状を送りつけ、警察を徹底的に翻弄、日本中を戦慄させた。

この戦後屈指の知能犯罪の主犯格とされたのが「キツネ目の男」。当時警察から「彼こそがキツネ目の男」と目されたのが宮崎学氏その人である。その宮崎氏が、その波乱に満ちた半生を綴った自伝『突破者』（南風社・十月十四日刊）の中で、初めてコトの真相を語った〉

〈宮崎学氏は、一九四五年、京都府生まれ。地元暴力団「寺村組」組長を父親にもつ。極道者に囲まれて少年時代を過ごし、大阪の私立高校を卒業後、早大法学部に入学、マルクス思想に傾倒して早大闘争、東大闘争の中心に身を置く。

その後、『週刊現代』記者を経て、京都に戻り家業の土建業を継ぐが、経営危機に見舞われ、八〇年にゼネコン恐喝で全国指名手配された後、京都府警に逮捕されている。

自伝に綴られた氏の数奇な半生は、左翼、右翼、暴力団など戦後日本の闇の歴史

そのものともいえる迫力に満ちている〉

〈グリコ・森永事件の主犯格と目される「キツネ目の男」は、捜査員の目と鼻の先に、二度現れている。

一度目は、一九八四年六月に、犯人が丸大食品を脅迫した際。丸大は裏取引に応じるふりをして警察に通報。犯人から現金の受け渡しの時刻と場所の指定を受け、社員に扮した捜査員が乗り込んだ電車で、同じ車両に乗ってこの捜査員をじっと監視していたのが「キツネ目の男」だった。

同年十一月、犯人が今度はハウス食品から一億円を脅し取ろうとした「ハウス事件」の際、犯人の指示に従って転々と移動する現金輸送車を、サービスエリアでじっとうかがっているのを捜査員が目撃している。が、二度ともその直後に忽然と姿を消し、逮捕には至っていない。

「キツネ目の男」は、青酸ソーダ入り菓子が発見された西宮市のコンビニのビデオに映っていた通称「ビデオの男」をのぞけば、一連の事件の中で、唯一捜査員に目撃されている不審人物なのである。

八五年一月、当局はテレビ、新聞を通じて異例の「似顔絵公開捜査」に踏み切り、宮崎氏に追及の手が伸びることになる。

宮崎氏がグリコ・森永の事件勃発時に警察から最重要参考人として浮上したのは、氏が「キツネ目の男」に酷似していたからだけではない。氏の幅広い「裏社会」との交友関係が注目されたのだ。また「かい人21面相」の脅迫状に見られる反体制的な姿勢、マスコミ操作の巧みさが、氏のプロフィールとぴったり一致したことも大きい〉

宮崎学氏にはアリバイがあった

宮崎氏は手記で次のように書いている。

〈「あなた、何したの、テレビに出てるじゃない」

「テレビ？　どうして俺がテレビに出るんだ」

「あなた、今日のニュースまだ見てないの。あなたそっくりの『キツネ目の男』とかいう似顔絵をテレビで映して、これがグリコ事件の犯人だといってるのよ」

女が大真面目な顔でいった。一九八五（昭和六〇）年の正月が明けたばかりのことであった。

テレビをつけると、ちょうどいい按配に夜のニュースが始まった。いきなり画面にキツネ目の男の似顔絵が映し出され、これがグリコ・森永事件の犯人の顔だとアナウンサーがいう。

その似顔絵には注釈がついていた。「年齢三五～四五歳　身長一七五～一七八センチ　まゆ薄く、目が細くつり上がる　頭髪にくせ　がっちりした体格　くずれた感じのサラリーマン風」というものだった。注釈を聞いて、思わず唸り声が出た。咄嗟このとき私は三九歳で、身長は一七八センチ。その他も注釈とピタリだった。咄嗟に「やばいことになった」と思った。女が私の顔をじっと見ていた。これが私のグリコ騒動の幕開けであった〉

〈似顔絵がマスコミで報道されてからというもの、各方面からかなりの反響があった。さすがに機敏だったのはマスコミ関係者で、似顔絵が発表された途端にずいぶん取材を申し込まれた。なかでも、当時から事件報道で活躍していた旧友の朝倉喬司や大谷昭宏からは「おい、宮崎。ぶち明けたとこ、どうなんだ?」と厳しく追及されたものだった〉

〈身近の連中にまでそっくりだといわれるとなると、実にやばい事態というほかなかった。私に尾行がついている気配もあった。そのさなかの似顔絵騒ぎだけに、完璧にマークされたのは疑いようがなかった。(中略)

案の定、中野署の刑事が私の自宅にやってきて事情聴取されることになる〉

〈(八五年の)二月一〇日の朝、中野にあった私の自宅マンションに刑事がやってきたのである。玄関のドアを開けると、ダークスーツの男が二人立っていた。首都圏の警察官だけあって、京都や大阪の府警の連中より身だしなみはスマートだったが、地金は隠しきれないらしい。目つきが職業を証していた。(中略)

極力正確に答えたが、微妙な点に関しては「わからない」「しらない」で押し通した。その度に刑事たちは私の目を覗き込む。質問は多岐にわたりながら、ある点に何度も回帰する。そして、戻ってくるたびに錐をもむように深く刺してくる。

ある点とは、八四年六月二八日と一一月一四日のアリバイだった。つまり「キツネ目の男」が姿を現わした日にどこにいたか、であった。警察の尋問を予想していた私は、前年度の手帳を探し出しておいた。その手帳によれば、六月のほうは某音楽大学労組の会議に出席し、一一月のほうは東京で私の弁護士と打ち合せをしていた〉

事件の結末は『週刊文春』編集部の解説のとおり。

〈宮崎氏とその周辺を、警察はその後も徹底的に追及。が、氏の頑とした犯行否認とアリバイに阻まれ、決定的証拠を見いだせなかった。

そして一九八五年八月、「くいもんの会社いびるのもおやめや」という、かい人21面相の「犯行終結宣言」をもって一応の終息を見る。

その間、事件を担当していた前滋賀県警本部長が自殺するなど、事件のおよぼした影響ははかりしれない。日本の警察史上最大といわれる捜査体制が敷かれたにも

かかわらず、「かい人21面相」の正体は結局つかめないまま、事件は事実上の時効が成立した〉

そっくりすぎる似顔絵の秘密

『週刊文春』の手記が世に出る1年半以上前の1994年12月か1995年1月、筆者は宮崎氏と初めて会った。

手記にも登場する元読売新聞記者でジャーナリストの大谷昭宏氏と東京全日空ホテル（現ANAインターコンチネンタルホテル東京）のラウンジで話していると、たまたま宮崎氏が通りかかった。大谷氏が「寺澤も宮崎も反警察で気が合うだろう」と紹介してくれたのである。

実際、筆者と宮崎氏は気が合い、ときどき会うようになった。宮崎氏が「キツネ目の男」と目されて、警察から厳しく追及された事情も取材していた。しかし、手記が世に出たときは驚いた。宮崎氏は「裏社会」の人間で、「表社会」へ出てくるとは思わなかったからだ。同時に、虚偽の手記を世に出す理由はないから、やはり宮崎氏は「キツネ目の男」ではないのだと思った。

以後、宮崎氏は「キツネ目の男」の異名を最大限に生かし、言論人としての地位を確立する。警察批判の言論も多く、社会へ大きな影響を与えた。筆者は反警察仲間としてうれしいかぎりだった。一方、グリコ・森永事件を取材するジャーナリストとして、いつか宮崎氏に尋ねなければならないことがあった。それは、宮崎氏とそっくりすぎる似顔絵の秘密だ。

月刊誌『噂の眞相』1985(昭和60)年10月号に掲載された宮崎氏の顔写真と「キツネ目の男」の似顔絵を見てもらいたい。「そっくり」とか「酷似」とかいうレベルを超えていることがわかるだろう。

「キツネ目の男」は実在しなかった

2010年代に入り、宮崎氏が病気がちとなると、なかなか会えなくなった。そっくりすぎる似顔絵の秘密については、ずっと尋ねることができないままだった。

筆者は意を決し、2019年春に宮崎氏へ連絡。ようやく同年8月に宮崎氏の自

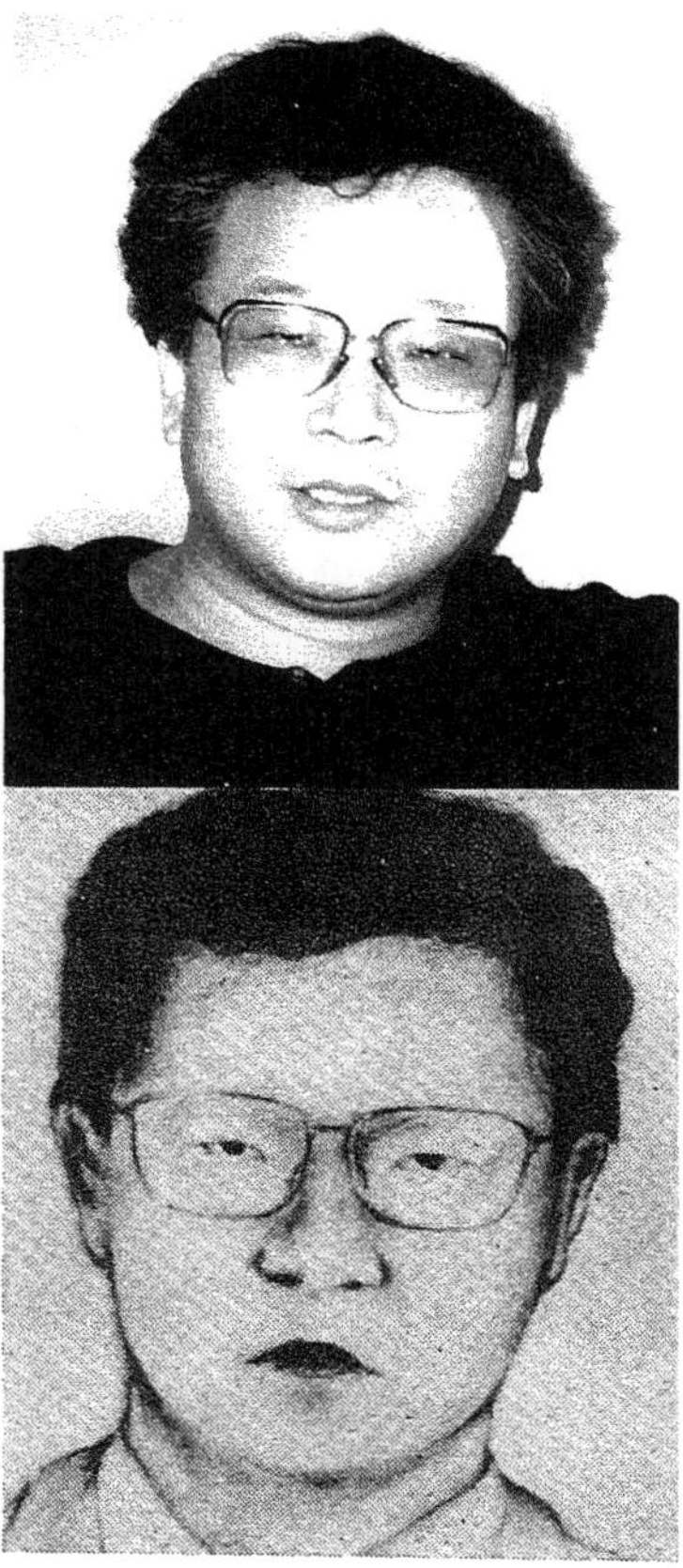

Photo Scandal

迷宮入り確実といわれるかい人21面相グループの キツネ目の男といわれた宮崎学サンが初めて衝撃告白！

〝現代版腹切り〟ともいわれた前滋賀県警本部長・山本昌二氏の焼身自殺は〝かい人21面相グループ〟への抗議というよりも警察内部に対する不信の表明だったといわれる。直接の動機となったのは本誌が報道協定の無意味さをスッ破抜いた「ハウス食品脅迫事件」における犯人取り逃しの責任だった。

このところ鳴りをひそめていたかい人21面相グループは叩きあげノンキャリアの山本氏の死を悼み、キャリア組への批判を綴った挑戦状を久々に送りつけてきた。がっくりきたのは捜査陣。犯人達が既に処分したと推測されていたパンライターで堂々と打ってきたということは、絶対に足がつかないという自信の表明でもあったからだ。迷宮入りはもはや確実だろう。

写真の人物は、キツネ目の犯人モンタージュの本人と自らも認める宮崎学サン。捜査当局が最も犯人の疑いがあるとニランで、尾行・事情聴取を行ったこともある。その宮崎さんに体験をふまえて「グリコ・森永事件」をソーカツしてもらった。（本文参照）

噂の真相1985.10

宮崎氏との写真を並べた『噂の眞相』1985年10月号

宅でインタビューが実現した。

――「キツネ目の男」の似顔絵は、宮崎さんにそっくりどころか、宮崎さんの顔写真から作ったんじゃないですか。3億円事件のときも、ニセの白バイ警察官のモンタージュ写真は実在の男性の顔写真から作ったといわれています。

宮崎　まあ、どういういきさつで、こういう似顔絵を作ったのか、俺にはわからない。

――警察は意図があって作ったと思います。宮崎さんに心当たりがないか、以前から尋ねたかったんです。

宮崎　グリコ・森永事件の現場に俺は詳しい。その土地勘と警察のブラックリストから、俺が重要参考人に残ったんだと思う。そして、似顔絵を作った可能性があるんじゃないか。

――やはり宮崎さんを重要参考人に仕立てあげたかった？

宮崎　間違いなく、そうだったと思う。

――そうなってくると、そもそも、「キツネ目の男」は実在したのかという疑問がわきます。電車の中と大津サービスエリアで警察官に目撃されたと、警察が発表しているだけなんですから。

宮崎　不審な人間がいたんだろうけど、警察が言うような行動はしていないんじゃないか。

――つまり、警察官が見たのは、不審な人間であっても、「キツネ目の男」ではなかったと?

宮崎　たぶん。

――僕の中で、ずっと仮説としてあった、「キツネ目の男」は実在しないというのは、宮崎さんと意見が一致しますか。

宮崎　ああ、一致するね。

――よかった!　これは絶対に宮崎さんに確かめようと思っていました。

宮崎　警察のなんらかの失態があったと思うんだよ。一連の事件の中で。その失態を覆い隠すために作ったのが俺、宮崎学という「キツネ目の男」だった。あくまで作り物だから、マスコミが「どこにいるんだ？　警察は逮捕しろ！」と言っても、捕まるわけがない。そういうみっともない話だと思う。

――それがいまだにグリコ・森永事件の犯人とされていると。

宮崎　作っちゃった人間がね。

――犯人グループに警察官や元警察官がいたのは確実ですよね？

宮崎　俺は、そう思うよ。そうじゃないと警察の情報は取れない。警察の悪さは奥行きが深いんだ。

――宮崎さんにとって、グリコ・森永事件とは？

宮崎　経済的には『突破者』を書いて、印税がどさっと入ったんで、この家も買えたし、そういう点ではラッキーだったと思う。そのあとも本を何冊も出すことができた。『突破者』を書くまでは、地上げをやったりして、いわば社会の裏にいた。裏の存在だったのが表の存在になれた。やはりラッキーだったな。でも、このラッキーは、警察がちゃんと捜査していれば、なかった。「キツネ目の男など実在しない」と言えばいいんだから。ところが、そう言えない彼らの事情があり、俺の今があると思っている。

――「キツネ目の男は作り物です」と警察が認めれば、宮崎さんの価値はなくならないまでも、だいぶ低くなる。でも、それは自分たちの失態にかかわることだから言えない。

宮崎　言えないのに乗じて、こっちは好き勝手なことをやってきたわけで、本当にありがたいことでございます（笑）。しかも、こんな反警察の人間をのさばらせたんだから。

グリコ・森永事件でウソをつきまくった警察

グリコ・森永事件に関する本を読むと、必ず出てくるのが警察のウソの数々だ。『グリコ・森永事件』（朝日新聞大阪社会部、朝日文庫）の一節を要約する。

〈ほどなく、鈴木邦芳・刑事部長が戻ってきた。いたって平静で、「偽グリコ犯は動いていますが、いまのところ、真犯人と思われる者の動きはありません」

「本当に森永脅迫の事実はないのか」

「ありうる、はずが、ないよ」

そのひとことで、各社の記者は席を立った。

そして——連休明けの二十五日朝。朝日新聞社に「かい人21面相」から挑戦状が届いたのだった。

「森永は本物や！　挑戦状がきた」

「畜生！」

次々に駆け込んできたボックス員たちは、それまでの警察の対応を思い返し、牛がグチャグチャになった草を反芻《はんすう》するように怒りを噛みしめて、声を震わせていた。

後日、夜回りで訪ねた記者たちに、鈴木・刑事部長はしばしばいったものだ。

「嘘をつかれる君たちも大変だろうが、嘘をつく方がどんなにつらいか。……そこんところも、わかってくれよ。指定事件になってから、箸の上げ下げすら、俺の一存ではできないんだ」

たしかに「嘘」の歩調が整いすぎてはいた。事前に綿密な打ち合わせがあったのは明らかである〉

警察官しか目撃していない「キツネ目の男」が、2回も厳重な包囲網をすり抜けて闇へ消える。そんなウソくさい話は真っ先にマスコミが疑うべきだった。そうしていれば、グリコ・森永事件は違う展開を見せていたかもしれない。

連合赤軍事件

新資料から読み解く「狂気の原点」——印旛沼事件の全真相

文／葛城明彦（ノンフィクションライター）

かつて、学生運動が各地で大きな盛り上がりをみせた時代があった。だが、それは昭和40年代に起きたいわゆる「連合赤軍事件」を契機に大衆の支持を失い、その後は急激に退潮していくことになる。

組織メンバーたちと機動隊による銃撃戦が、連日テレビで生中継された「あさま山荘事件」（1972年2月）は社会に大きな衝撃を与えたが、当時それ以上に人々を震撼させたのは、直後に発覚した「山岳ベース・リンチ殺人事件」だった。

前年（1971年）暮れから1972年2月にかけて、彼らのアジト内では〝総括〟要求と称するリンチが行われ、実に12名もの若者が殺害されていたのである。

一方、その前段として、1971年夏、組織からの脱走者2名が粛清された「印《いん》旛沼《ばぬま》事件」と呼ばれるできごとがあったことは、一般にはあまり知られていない。だが、この事件は、連合赤軍の結成と前後して、メンバーたちが「殺人」という一線を踏み越えてしまうと同時に、その後暴走を始めるきっかけにもなった、まさに〝狂気の原点〟ともいえる事件だった。

この印旛沼事件については、存命の実行犯のひとり、吉野雅邦も獄中で幾度となく後悔の念を手記や手紙に記しており、複数の元メンバーたちもまた、「あれさえなければ、のちの悲劇は起こらなかったかもしれない。少なくとも、相当経過は違っていたはず」と語っている。

なお、同事件に関しては、実行犯のうちの3名（寺岡恒一・大槻節子・金子みちよ）がその後「山岳ベース・リンチ殺人事件」で殺害され、2名（瀬木政児《せきまさじ》・杉崎ミサ子）が逮捕・服役後消息不明となり、1名（吉野）が無期懲役に処されたため、殺害現場・犯行状況などについては不明の部分も多かった。

しかし近年、メンバーの担当弁護士から当時の公判資料が「連合赤軍の全体像を残す会」に寄贈され、いままで謎とされてきた事件の詳細が初めて明らかになった。

ここでは新資料をもとに、改めて約半世紀前の「印旛沼事件」についてレポートしてみたい。

山中に拠点を構えた「革命左派」

事件が起きたのは、1971年夏のことであった。

この年2月17日、武装蜂起を目指す「革命左派」(「連合赤軍」結成以前の組織の1つ)のメンバーが栃木県真岡市の銃砲店から多数の散弾銃や弾丸を強奪。この一件で実行犯のほか、指導者の永田洋子(当時27歳)やその夫の坂口弘(当時25歳)も指名手配されることとなり、彼らは警察の厳しい捜索に神経をすり減らしていた。

やがて坂口は「山にベースを設けてみてはどうか」と提案し、メンバーたちは揃って奥多摩の雲取山中へと向かうことになった。その際、拠点となったのは山腹の小袖《こそで》鍾乳洞近くにある廃屋のバンガロー(小袖ベース)で、以後洞内では射撃訓練なども行われた。

そしてこの時、メンバーとして参加したのが、のちに脱走し処刑される向山茂徳《むかいやましげのり》（当時20歳）と早岐《はいき》やす子（当時21歳）であった。

向山は1951年2月8日、長野県上伊那《かみいな》郡辰野町の生まれで、中学時代は成績トップクラス、生徒会役員も務めるなど優秀な生徒だった。しかし、高校時代の後半頃から成績は低迷し、立命館大、法政大等の受験に失敗、その後は東京に出て早稲田予備校（新宿区）に通っていた。

向山は反米愛国思想の持ち主で、1969年11月17日の佐藤首相訪米阻止闘争に参加し逮捕されたこともあったが、この時は取り調べに対して「自分は見ていただけで、何もしていない」と供述し、未成年でもあったことから処分保留で釈放されている。

翌年早稲田大、明治大等の受験に再度失敗すると、4月から翌月まで一時実家に戻っているが、その際には「2人の弟を、父さんのように戦場に送りたくない」と話していたという。そして東京に戻った直後には、辰野中学校の同級生で諏訪清陵高校でも同期だった岩田平治（当時21歳：のち組織から脱走、逮捕）がいる東京水産大の寮を訪ね、以降は革命左派の活動に加わった。

徐々に武力闘争に興味を抱き始めるようになった向山は、同年6月の安保闘争の際、三菱重工業に対して火炎瓶の投擲《とうてき》を行うなど、やがては過激な行動を取るようになっていった。

もう1人の参加メンバー、早岐やす子は1950年1月11日、長崎県佐世保市生まれ。県立佐世保南高校を卒業後、1968年に日大高等看護学院（板橋区）に入学している。

彼女はその頃、中村愛子（当時22歳：のち組織から脱走し、警察に出頭）、伊藤和子（当時22歳：のち逮捕）らと出会い、1970年末頃に革命左派に加入した。しかし、在学中に卒業論文拒否闘争のリーダーとなり激しい学内闘争を展開したため、1971年1月には同校より退学処分を受けている。

悪夢を呼んだ組織からの「脱走」

向山は恋人だった大槻節子（当時23歳：のちリンチ事件で死亡）に誘われ、19

71年5月末日頃に小袖ベース入りしており、その際、指導者の永田洋子には「大槻とは結婚するつもり」と語っている。しかし、入山直後から向山は組織に違和感を覚えるとともに、劣悪な生活環境を嫌悪し始めた。

何しろ、食事といえば冷えた麦雑炊やインスタントラーメン、野草、サバ缶だけで、トイレも「穴を掘ってその周りを木の皮で囲っただけのもの」、寝る時は「小屋の中でスシ詰め」という状態だったのである。

もともと〝斜に構えるクールな文学青年タイプ〟だったという彼は、最初から冷めた目で組織を見つめており、グループ内で「結婚を前提としない自由恋愛は是か非か」という激しい論争が起きたときも、「こういう論争は面白いな」などと発言して、永田にたしなめられたりしていた。

大槻との交際についても、大槻の以前の恋人が獄中にいる状況下だったことから、永田に「痴漢」「泥棒猫」と罵《ののし》られており、向山本人としてはこれに対する怒りも相当なものがあったようだ。

6月5日になると、向山は「僕はテロリストとして戦えても、党のためゲリラ闘争を持久的に戦うことはできない。小説も書きたいし、大学にも行きたい」と話し、下山意思を表明した。周囲が猛烈な勢いで説得したため、結局はこれを撤回するが、その翌日、射撃訓練中に彼は「小便に行く」と言ってそのまま姿を消してしまった。なお、下山した向山は直後に東中野の親戚宅に現れ、実家に「もう運動はやめる」と連絡している。

そして3日後には母親に会い、同様の話をしたうえで、下宿部屋を借りる金を受け取った。また、その後は前述した東京水産大の岩田のもとにも現れ、「(アジト内で) やることは作業と自己批判ばかり、息が詰まって1ミリの自由もない」「あんなクソみたいな所で、クソみたいな連中と一緒にやっていくのは真っ平ごめんだ」と不満を爆発させた。

6月下旬からは練馬区貫井町のアパート「佐々木荘」に移り、瓶入りコーラを自販機に補充するアルバイトを始めたが、直後には両親に宛てて次のような手紙も書いている。

〈あそこ（※組織）とは縁を切り、いまはアルバイトをしながら生計を立て、小説を書き始めている。ただそれだけです。元気で。（中略）引っ越しました。静かなところです。いなかといった感じです。ボロの四畳半、七千五百円。ここに来ると気持ちが安らぎます。いまはふとんとコタツだけの生活です。みじめですがお金を貯めていろいろと取りそろえていくつもりです。（中略）破れた姿で帰るいなかはおれには絶対無縁です。自尊心もあります〉（※前・後略：原文ママ）

アパートの電話は取り次ぎだったが、大家の佐々木ミツ子は「誰からかはわからないのですが、1日おきくらいに夜10時過ぎに電話がかかってきていて、かなり嫌がっている様子でした。『悪い友達なので』と話していたこともありました」と証言している。

「向山を殺るべきです」

早岐やす子は、向山が脱走する直前の6月2日に入山しているが、それから10日ほど経った頃、やはり「向山君のように無断で山を降りるのはよくないと思うので」と前置きしたうえで、下山意思を表明した。早岐には日大板橋病院に勤務する医師の恋人がおり、「彼に会いたい」というのである。

永田は、「同じ路線で闘っている者同士で結婚すべき」と話し、周囲も説得を続けたため、早岐は一応前言を翻《ひるがえ》す。それでも迷いは続いていたらしく、ついに同月15日になって彼女は脱走を試みるが、他のメンバーに気づかれ計画は未遂に終わった。

殴られ、連れ戻されて見張りを付けられるようになると、彼女は「自己批判します。今後は（殲滅《せんめつ》戦のための）交番調査にも参加したい」との決意を示した。だが、7月13日に静岡県磐田駅前で交番の調査中、彼女は向山同様「トイレに行く」と言ったまま姿を消してしまうのである。

組織内では、脱走者への対策として「連れ戻して牢屋に入れ、再教育しよう」との案が出され、実際次に移動した塩山《えんざん》ベースでは葦《あし》を束ねた牢屋が造られたりもした。

だが7月15日、向山の「恋人」であり、山中に残っていた大槻節子（彼女の側は、この時点で向山との別れを決意していたとされる）が、永田に向山の動向を話したことで事態は急変する。

大槻は永田にこう語った。

「逃げた向山が、以前の恋人と会っている。親戚宅に出入りしていた私服刑事と茶碗酒を飲みながら、『どこまで話すか』というスリルを味わった、などとその女に話している」

そして、大槻は永田に提案した。

「向山を殺るべきです」

直前まで恋愛関係にあり、一時は結婚も意識していた相手を殺害するよう進言する、というのも異常極まりない話であるが、彼女はそうした「人間的な感情を自分の中から完全排除することで、真の革命戦士になれる」と信じていたのだった。

また、同じ日には革命左派と赤軍派により「統一赤軍」（のち「連合赤軍」に改称）が結成されるが、その4日後、リーダーの森恒夫は「スパイや離脱者は処刑すべきではないか」と語り始めている。

そして7月21日には、大槻が再度永田に「向山は組織のことをテーマに小説を書き始めている」「早岐は喫茶店のマスターに『山に行っていた』と言っており、メンバーの中村愛子には『山を下りて、せいせいした』『狭いアジトで、オイルサーディンみたいにぎゅうぎゅう詰め。眠れたものじゃなかった』などと話している」との報告を行った。

これを受けて、31日には永田・坂口と寺岡恒一（当時23歳：のちリンチ事件で死亡）が会談を行い、その際の寺岡の「殺るか」との一言から、ついには「処刑」が実行されることになった。

暴走の「原点」となった同志粛清

まず、最初に殺害されたのは早岐だった。8月2日、彼女は大槻と中村から「もう一度話そうよ」と持ちかけられ、アジトの1つであった墨田区向島のアパート「小林荘」に誘い出された。

翌日、金子みちよ（当時24歳：のちリンチ事件で死亡）と杉崎ミサ子（当時24歳：のち逮捕）が来て酒盛りが始まったが、早岐の飲む酒とつまみには睡眠薬が仕込まれていた。やがて朦朧《もうろう》となった彼女は小嶋和子（当時22歳：のちリンチ事件で死亡）と吉野雅邦（当時23歳）、寺岡、瀬木政児（当時21歳：のち脱走し、逮捕）が待つ車に乗せられ、印旛沼（千葉県）へと連れ出される。

なお、この時途中で早岐は「騙された」と呟きながら涙を流し始めていたという。沼の近くで車を降ろされた彼女は、直後殴る蹴るの暴行を受け、３人によってロープで絞殺された。そして、死体は全裸にされ林の中に埋められた。

同月10日に向山も殺害される。この日、向山は上京する弟を新宿駅まで迎えに行く予定があった。弟は、郷里で行われる「新成人の集い」の案内状を渡すことと合わせて、組織を離れた後の兄の様子を見てくるよう両親に頼まれていたのである。しかし、突然佐々木荘にやってきた「恋人」の大槻節子に「今日、女の子たちだけで集まるから、もう一度飲みながら話そうよ」といって誘われた向山は、親戚に「代わりに新宿駅に迎えに行ってほしい」と電話で頼み、小平市回田町《めぐりたちょう》にあったアパート「回田荘《めぐりたそう》」（杉崎ミサ子の友人の部屋）へと向かった。

向山が到着した際、アパートの中で待ち受けていたのは、やはり金子みちよと杉崎ミサ子である。

酒やつまみには睡眠薬が入っていたが、向山は警戒して何も口にしようとしなかった。また、向山は途中からさかんに帰りたがったため、大槻が体調不良で倒れたふりをして引き止める、という一幕もあった。

待ち切れなくなった吉野・瀬木が強引に部屋に乗り込むと、向山は血相を変え、「俺は帰る」と叫んで外に出ようとした。瀬木が「まあ、いいじゃないか」といってそれを押しとどめたため、向山は仕方なくいったん部屋の中に引き返すが、その直後には4人（直前まで恋人だった大槻は不参加）が一斉に襲いかかり、彼をタオルで絞殺した。

逮捕後に杉崎ミサ子が殺害状況を記した図面をみると、この時は金子と吉野がそれぞれ足と頭を押さえ、瀬木と杉崎がタオルを首に巻き付けて2人で引っ張っている。吉野は事件発覚直後、「殺すつもりはなかった。暴れる向山を押さえつけただ

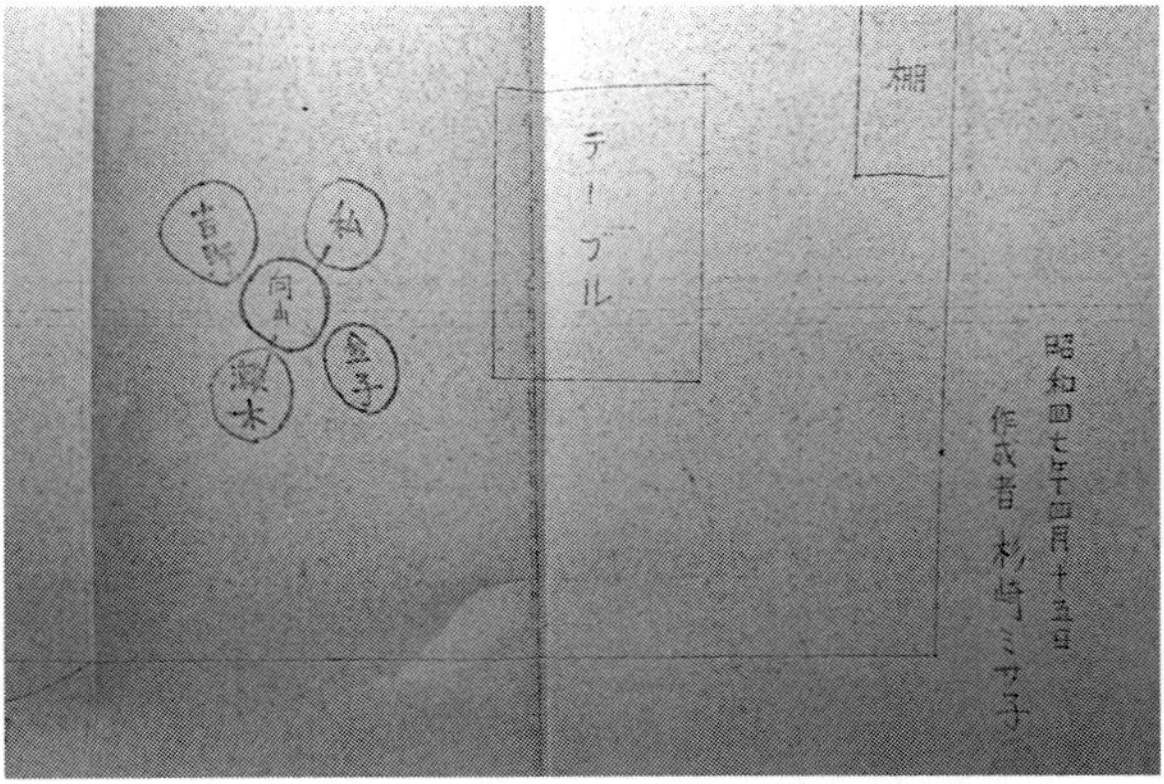

初めて明らかにされた向山が殺害される直前の状況（現場は小平市の「回田荘」、加害者の杉崎ミサ子作成）

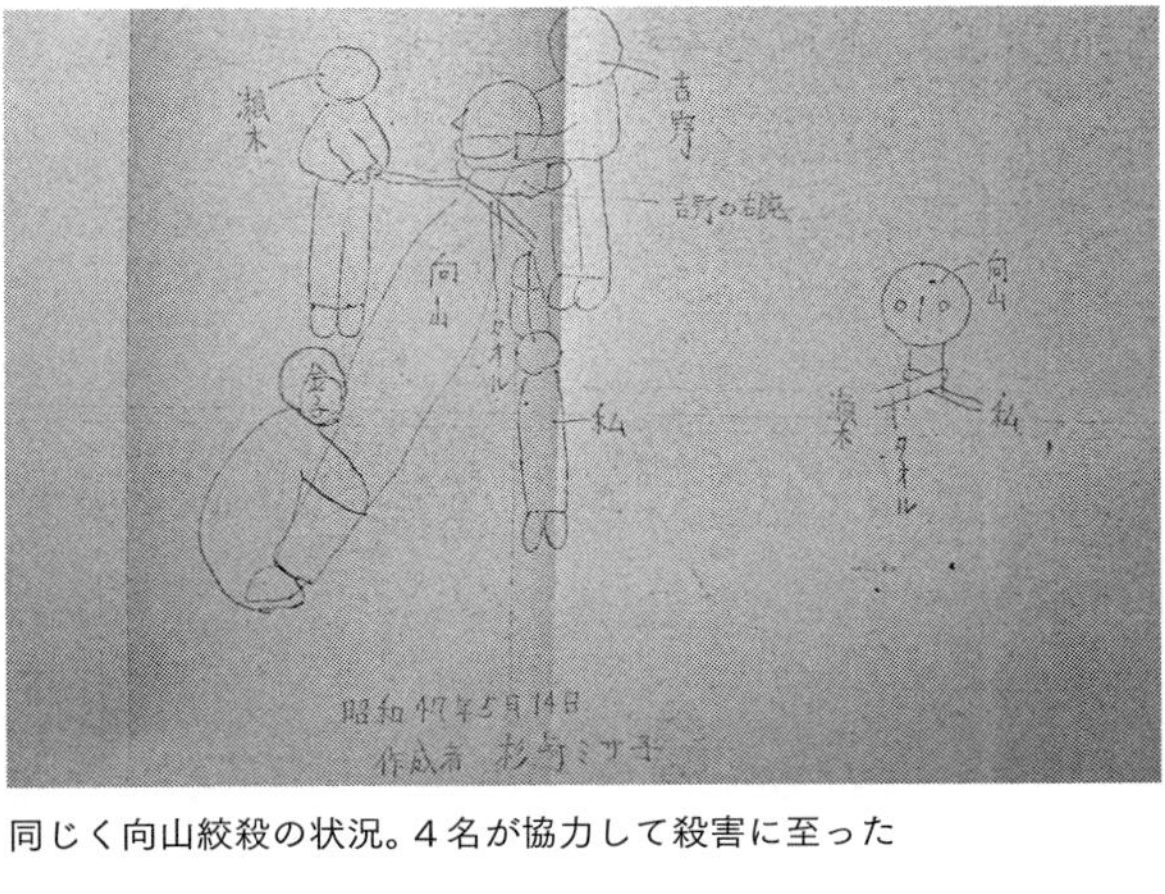

同じく向山絞殺の状況。４名が協力して殺害に至った

けで、気が付いた時には死んでいた」との供述を行っているが、これは完全な嘘だったのである。

その後、向山の遺体は早岐と同様、印旛沼畔まで運ばれ、全裸にされ埋められた。しかし、この事件に関わったメンバーたちもまた心的に大きなダメージを受け、以後は平静を保てなくなっていった。

運転役の小嶋和子は精神に変調をきたし、ことあるごとに「殺して」「埋めてよ」と口走るようになり、寺岡・瀬木・吉野も話し方が急激に荒々しくなるなど、性格が一変してしまったのである。

そして以降、幹部クラスのメンバー間では「脱走・離脱＝処刑に値する大罪」「革命戦士に値しない者＝粛清の対象」が共通認識になっていく。つまりはあらゆる意味で、これはその後の山岳ベースにおける「リンチ殺人事件」へと突き進む、起点ともなった事件だったのである。

なお、２人の遺体は、「あさま山荘」事件逮捕後の吉野の自白により、１９７２年３月25日に発見されている。８カ月間、人知れず土中にあった遺体は変わり果て、大半はすでに白骨化していたという。

「総括」という名の凄惨な連続殺人

この事件をきっかけにして、彼らの暴走は止まらなくなった。メンバーは1971年12月に榛名山《はるなさん》（群馬県）ベースに入ったのち、「新党」としての「連合赤軍」を結成するが、間もなく「総括」（反省し、改善策を見い出すこと）要求の名のもと、凄惨なリンチ殺人が開始されることになったのである。

この時、リーダーの森恒夫や永田洋子が提唱した「総括」理論とは、あらゆる人間的な欲求や感情を断ち切って「共産主義化」しなければ、「真の革命戦士」にはなれない、とするものだった。また、森は「殴って失神させれば共産主義化させられる。ゆえに殴ることは指導であり、援助である」との珍妙な理屈も唱え出した。「総括」要求の理由は、いずれも日常のささいなことばかりで、ほとんどは単なる〝言いがかり〟に過ぎなかった。その後連日のように行われた〝人民裁判〟では、主に永田が検事役、森が裁判長役となった。

「連合赤軍事件」被害者リスト

殺害日	事件	被害者（当時の年齢）	職業（出身校）
1971年　8月3日	印旛沼事件	早岐やす子（21歳）	日大看護学院中退
1971年　8月10日	印旛沼事件	向山茂徳（20歳）	諏訪清陵高校卒
1971年　12月31日	山岳ベース事件	尾崎充男（21歳）	東京水産大
1972年　1月1日	山岳ベース事件	進藤隆三郎（21歳）	日仏学院
1972年　1月1日	山岳ベース事件	小嶋和子（22歳）	市邨学園短大
1972年　1月4日	山岳ベース事件	加藤能敬（22歳）	和光大
1972年　1月7日	山岳ベース事件	遠山美枝子（25歳）	明治大
1972年　1月9日	山岳ベース事件	行方正時（25歳）	岡山大
1972年　1月18日	山岳ベース事件	寺岡恒一（24歳）	横浜国大
1972年　1月19日	山岳ベース事件	山崎順（21歳）	早稲田大
1972年　1月30日	山岳ベース事件	山本順一（28歳）	会社員
1972年　1月30日	山岳ベース事件	大槻節子（23歳）	横浜国大
1972年　2月4日	山岳ベース事件	金子みちよ（24歳）	横浜国大
1972年　2月12日	山岳ベース事件	山田孝（27歳）	京都大

まず、最初にリンチの対象とされたのは加藤能敬《よしたか》（当時22歳）と「印旛沼事件」で運転役となった小嶋和子だった。2人は恋人同士だったが、永田にキスをしている現場を見られ、「神聖な党の場を汚した」とされたのである。加藤は、柱に縛り付けられメンバーに殴打された。また、永田は加藤の弟2人にも兄を殴らせた。

そして、次には尾崎充男《みつお》（当時21歳）が前年の交番襲撃の際参加しなかったことなどを理由に「総括」要求される。尾崎は縛られたまま殴る蹴るの暴行を受け、1971年の大晦日に死亡。すると、森はこれを「共産主義化し切れなかった者の敗北死」と結論付けた。

１９７２年元日には進藤隆三郎（当時21歳）が、「欲が深い」との理由で、腹部を殴打され内臓破裂により死亡する。また、同日には小屋の床下に縛り付けられていた小嶋が凍死した。

最も凄惨なリンチに遭ったのは遠山美枝子（当時25歳）だった。

１月３日、「女らしい行動」が問題視された彼女は、森に「自分で自分を殴るよう」命令される。彼女は30分以上血まみれになるまでそれをさせられた後、永田に鏡でその顔を見せられた。さらには頭を丸刈りにされ、肘や薪《まき》で乱打された後、性的な侮辱を受け、逆エビに縛られて垂れ流し状態のまま身動きできなくされた。

翌４日には加藤能敬が衰弱死。６日には行方正時《なめかたまさとき》（当時25歳）が、「（中央委員会が結成されて）スッキリしました」と言ったことが問題視され、拳や薪で乱打され逆エビに縛られる。遠山は翌日死亡し、２日後には行方も死亡した。

12名が犠牲となった「リンチ事件」

以降、新アジト建設準備のため一旦「総括」は休止となるが、1月18日になると今度は「印旛沼事件」の実行犯でもある寺岡恒一が「分派主義者、スターリン主義者」とされ、ナイフやアイスピックで刺されたうえ、絞殺される。

翌日には山崎順（当時21歳）も、「プチブル的」として批判され、アイスピックやナイフでメッタ刺しの後、絞殺された。

22日になるとメンバーは迦葉山《かしょうざん》（群馬県）ベースに移動するが、リンチはそこでも継続される。26日からは「印旛沼事件」に関与した大槻節子（当時23歳）と金子みちよ（当時24歳）が、それぞれ「可愛い過ぎ、男に媚びている」「主婦的」という理由で小屋の下の柱に縛り付けられた。

また、山本順一（当時28歳）も「運転ミスをした」という理由で29日に全員に殴打された後、逆エビにされて同様に縛り付けられた。山本は翌日衰弱の末に凍死し、大槻も同じく凍死する。

2月2日になると、山田孝（当時27歳）が、「車の修理中に銭湯に入った」との理由で雪の上に正座させられ、翌日には全員による殴打の後、逆エビに縛られた。その翌日、金子みちよは凍死。金子はメンバーの吉野雅邦の妻で、妊娠8カ月だった。死亡直前、永田はメンバーの青砥《あおと》幹夫（当時22歳）に「金子の腹を帝王切開して、子どもだけを取り出す」ことも提案しており、これを聞いた青砥は真っ青になったという。

2月10日になると、メンバーは妙義山アジトに移動するが、山田はそこで放置され2日後に絶命した。

その後、永田は2月17日に森とともに一度下山後、キャンプに戻りかけたところで、山狩り中の警官隊に発見され、激しい抵抗の末揃って逮捕された。他のメンバーも各地で次々逮捕され、残る5名も「あさま山荘」での籠城戦を経て同月28日全員逮捕となり、一連の事件はようやく幕を閉じた。

変わり果てた「事件現場」のいま

あの凄惨な事件から約半世紀の年月が過ぎ、各事件の現場も大きく変貌してしまっている。

「印旛沼事件」で、向山が大槻から誘い出された「佐々木荘」も、翌年には家主が転居するとともに建物も取り壊された。その後はMという印刷会社が建ったが、同社も2016年には廃業し、いまは普通の住宅となっている。その日、向山と大槻が連れだって歩いたであろう、アパート付近から駅に向かう近道もいまは住宅に潰され跡形もない。

早岐が睡眠薬を盛られた墨田区向島のアパート「小林荘」も取り壊され、現在は跡地に新築のマンションが建つ。周辺では記憶の風化も進んでいたが、それでも当時3軒隣りで蕎麦店を営んでいたという女性は、「そこで事件があったのは覚えてる。でも、革命だとか何とか偉そうなことといってたけど、あの人たちって男女関係が凄く乱れていたみたいなのよね……」と話しており、同様に近所に住んでいた男性も「入れ替わり立ち替わり、いろんな奴が出入りしているから、俺も最初何なのかと思ってたんだよ」「アイツらは、そこもラブホテル代わりにしてやがってさ、昼夜関係なく男女の声が聞こえてくるんだよな。俺も『何やってんだ』って思ってたんだけどさぁ……ああいう活動やってると、ほかに楽しみがなかったんかな」と笑いながら語っていた。

向山が殺害された小平市の「回田荘」では事件後、家主がアパート経営を止め、そこには実妹を住まわせるようになっていたという。現在はアパートも解体され、普通の一軒家となっており、ブロック塀と出入り口だけが当時のまま残されている。事件当時「警察の現場検証を眺めていた」という隣家の男性は、「あのアパートは、駅から遠いこともあって、なかなか人が入らなかったんだよね。家主のKさんも『やっと入居してくれた』って喜んでいたんだけど、そうしたらあんな奴らだったわけで……」と苦笑しながら話していた。

なお、早岐やす子が殺害された印旛沼の土手は、周辺の様子がかなり変化しており、正確な位置の特定はすでに困難となっている。獄中の吉野の記憶によれば「車で土手の上の道を走った」となっているが、車道そのものが見当たらず、それが吉野の記憶違いなのか道自体が消えてしまったのかも判然としない。向山・早岐両名の遺体遺棄現場は、一度造成地になり、掘り返され、さらに更地に戻ってから杉の植林がされており、すでにそこもピンポイントでの特定は不可能となっていた。

月日の経過を物語る朽ちた墓標

群馬県の「山岳ベース・リンチ殺人」の現場となったアジト跡や、犠牲者たちが当時埋葬された場所もまた、現在はすっかり変わり果ててしまっている。

埋葬地の中で慰霊碑が建てられているのは、尾崎充男・進藤隆三郎・小嶋和子・加藤能敬・遠山美枝子・行方正時・寺岡恒一・山崎順が埋葬された倉渕村地蔵峠の現場のみであるが、実はここでも当時の埋葬地は残されていない。当時杉林だったその場所はブルドーザーで整地され、赤土の丘に変わり、養鶏場が建てられてしまっているのである。

沼田市の大槻節子・山本順一が埋葬された跡地付近には、当時群馬県警が建てた「群馬赤軍」の標柱が何とか残ってはいるが、実際に埋められていた場所は深く掘削され、切り通し状の道になってしまった。また、その近くにある金子みちよの埋葬地も、やはり標柱は残っているものの杉の木に倒れ掛かった状態になってしまっている。

下仁田町の山田孝の埋葬地は、標柱がほとんど朽ち果てて倒れており、いまとなってはそばの地面のへこみに当時の面影が僅かに偲べる程度である。

なお、迦葉山のアジト跡は急斜面に朽ちて苔むした材木が数本転がっているのみで、一帯はかなり荒廃してしまっている。榛名アジト跡は地形が変わり、新たに道路が造られたことなどから、場所が不明となり、もはや当時のメンバーたちでさえ辿りつけなくなってしまっているという。

そのほか、軽井沢の別荘地「レイクニュータウン」内にあった「あさま山荘」は、その後修復されアートギャラリーとなったが、2008年には香港企業（中国名の日本法人）によって買い取られた。投資目的だったともいわれており、実際ここでは以降も人の出入りはほとんど目撃されていないようである。かつてはおしゃれな別荘が建ち並び、三越が営業をしていた一帯でも、いまは廃屋に近い建物が目立つ。

なお、同現場については、まだ時代的におおらかだった昭和50年代前半頃まで、観光バスが勝手に入り込んで〝見学スポット〟にしていたこともあったほか、軽井沢駅前からは観光客を乗せたタクシーが頻繁に往復したりもしていた。

しかし、周辺住民から苦情が出たため、数年後からは別荘管理事務所も「見学」を一切拒否するようになり、周辺各タクシー会社に対しても「山荘見学者を乗せないよう」申し入れがなされた。現在では管理事務所側が1日を通してパトロールを行っており、「見学者」を見つけた際には早急な退去を促しているという。

関与したメンバーたちの「その後」

メンバーたちのその後もさまざまである。リーダーの森恒夫は逮捕後の1973年元日、初公判を前に東京拘置所の独房で首吊り自殺を遂げた。

永田洋子は2011年2月5日、東京拘置所で脳腫瘍のため65歳で獄死している。「印旛沼事件」「山岳ベース・リンチ殺人事件」「あさま山荘事件」の全事件に関与した唯一のメンバー・吉野雅邦は、無期懲役が確定し、いまなお服役中である。

「リンチ殺人」「あさま山荘」両事件に関わった坂東國男（当時25歳）は、1975年の日本赤軍によるクアラルンプール事件の際、犯人側からの要求で〝超法規的措置〟により釈放され、現在も国外を逃亡中。同じく両事件に関わった坂口弘は死刑が確定したが、坂東の公判が開けない状況のため、事実上執行は停止されたままである。

リンチ殺人の途中、「もう嫌になり」逃亡・自首した前澤虎義《とらよし》（当時24歳）は懲役15年の判決を受け服役、現在は出所して塗装会社に勤務している。同じく、リンチ事件で当事者の植垣康博（当時23歳）は懲役20年の判決を受けて服役後、静岡市内でスナック「バロン」を営む。また、「印旛沼事件」で2人を殺害した瀬木政児は懲役16年、同じく両事件に関与した杉崎ミサ子は懲役12年、森の「秘書役」だった青砥幹夫は懲役20年の刑に処されている。

そのほか、「リンチ事件」で永田に命じられて兄を殴らされ、「あさま山荘」にも籠った加藤倫教《みちのり》（当時19歳）は懲役13年の判決を受けて服役、出所後は愛知県で実家の農業を継いでおり、倫教と行動を共にした弟の元久（当時16歳）は中等少年院退院後、和光大に進学、その後は精神病院で看護の仕事などに就いている。

「事件の意味」を問う終わりなき旅

長い年月が経つなかで、一連の事件は幾度となく映画化され、書籍やテレビ番組のテーマにもなってきた。

近年では2008年に若松孝二監督の映画『実録・連合赤軍あさま山荘への道程』が公開され、また漫画雑誌『イブニング』(講談社)でも、連合赤軍事件をモデルとした作品『レッド』(山本直樹・作)が2006年から2018年まで連載され人気を博した。現代の若者たちにとっては、およそ現実感のない、理解不能なできごとであろうが、逆にいえばそれだけに一層関心をそそられる面もあるようだ。

1987年には、存命のメンバーらによって「連合赤軍事件の全体像を残す会」が結成され、以降そこでは月例会のほか、〝慰霊の旅〟や一般向けイベントなどが行われている。

元メンバーの1人は、「あの時やろうとしたことは正しかったし、必然性もあったと思う。ただ、方法論が間違っていた」と語っており、現在ではこれがほぼ彼らの共通認識にもなっているようだ。それでも「なぜ」「どの時点で誤ったのか」についての見解はいまも定まっていない。

当時の膨大な記録を整理しながら、事件の意味を自身に問い直す「終わりなき作業」は、半世紀の時を経て、なお彼らの間では続けられているのである。

ロッキード事件

角栄は〝虎の尾〟を踏んだのか――「アメリカ陰謀説」を追う

「戦後最大の宰相」田中角栄が、外為法違反の容疑で東京地検特捜部に逮捕されたのは１９７６（昭和51）年7月27日のことである。

政界に衝撃が走ったあの「衝撃の一日」から45年もの月日が流れた。

昨今の「田中角栄ブーム」ともあいまって、ジャーナリズムの間では、このロッキード事件を再検証する企画がいまも繰り返されている。

いったいあの事件の「本質」とは何だったのか。それを語るうえで、しばしば指摘されているのが「角栄はアメリカの虎の尾を踏んだ」という説だ。

もし、角栄が「仕組まれた事件」によって政治生命を奪われ、それが結果として日本の戦後史に大きな方向付けを与えたとするならば、それを国民はどう理解すればよいのか。それがロッキード事件の謎をめぐるテーマである。

角栄は1974年、「金権政治」との批判を受け総理退陣を余儀なくされた。追及したのは、後に著名なジャーナリスト、評論家として名を馳せることになる立花隆らである。

しかし、そうした「金権」批判以外のところで何か「大きな力」が働いていたとしたら――それは、歴史における田中角栄の「評価」に大きく関係してくるかもしれない。

いまでこそ再評価の兆しが見られる田中角栄であるが、1976年の逮捕以降、角栄はジャーナリズムの標的であり続け、被告人のまま死去した角栄には「灰色の政治家」とのイメージが定着していた。

角栄という人間が生来持っていた面白さ、人情、義理堅さといった人間的美徳は、このロッキード事件以降は評価の対象外となり、角栄の魅力を熟知する人々にも、その発表の場はほとんど与えられなかった。

その良し悪しは置くとして、ここでは「アメリカが角栄を失脚に追い込んだ」と

「総理の犯罪」と大きく報道されたロッキード事件（1976年）

いう説は、いかなるものなのか、それをわかりやすく整理してみたい。

事件から45年が経過し、言葉としてはよく耳にする「ロッキード事件」なるものが、そもそもどんな事件だったのかを正確に理解している日本人はそう多くないと思われる。

仮に事件がアメリカの「陰謀」であったとしても、それによってロッキード裁判で認定された外形的事実が変わるわけではなく、関係者の人生に影響を与えるものでもない。

しかし、こういうことは言える。本当に、国家を揺るがすような重大な事件の「真相」というものがおおむね明らかにされるには、少なくとも40年、50年といった長い時間がかかるということだ。

「ロッキード事件」はまさにいま、そうした「重要な時期」にさしかかっているのかもしれない。

米ロッキード社の「実弾」による売り込み工作

ロッキード事件とは、米国「ロッキード社」（当時）の大型航空機の売り込み工作をめぐる大型贈収賄事件である。

当時、ロッキード社はトライスター機の販売不振に苦しんでおり、事態を打開するため全日空を含む世界の航空会社に巨額の賄賂をばらまいていた。

そのことが米国の上院外交委員会多国籍企業小委員会、通称「チャーチ委員会」で露見した。１９７６年2月のことである。

チャーチ委員会では、ロッキード社から日本へ多額の工作資金、つまり賄賂が流れていたことが明らかにされた。

これを受け、日本の捜査当局は本格的な捜査を開始。大物右翼として知られた児玉誉士夫《よしお》を通じ、販売代理店の商社・丸紅などを経由して、最終的に当時の首相であった田中角栄に5億円が流れたという疑惑が浮上したわけである。

この事件では重要な証言者が2人いた。

ロッキード社の元副会長、アーチボルド・カール・コーチャン。

そして同社元東京事務所代表のジョン・ウィリアム・クラッターである。

ロッキードから丸紅、そして田中角栄へ渡ったとされる「5億円」について、コーチャンとクラッターはそれを認めた。

しかしその調書を確保するにあたり、日本の検察は日本で彼らを起訴しないという確約を意味する「免責不起訴宣明書」を作成した。

その結果、彼らは「5億円」の資金提供を認めたのである。

この証言は一審、二審で証拠として認められた。そして角栄は最高裁判決を前に死去している。

しかし、最高裁は別の被告のロッキード裁判で、彼らの証言の証拠能力を否定した。免責されると保証されている状況の証言は証拠にならないというわけである。

結局、角栄が否定し続けた「5億円の受領」は事実だったのか、それともデッチ上げだったのか。この論争はいまなお決着していないのである。

当時から「陰謀」を感じていた「石井一」

逮捕から6年後、コーチャンらの「5億円証言」によって、角栄には懲役5年、追徴金5億円という求刑が言い渡された。

しかし、これに憤慨した議員がいた。当時、自民党の田中派議員だった石井一《はじめ》（当時48歳）である。

石井は近年、ロッキード事件に関する考えをまとめて出版している。それらによれば、石井は当時、米国の弁護士に依頼し、コーチャン証言を証拠採用する問題点について確認しあった。

石井はそもそも、チャーチ委員会でなぜこの話が明るみに出たのか、その点について疑問を持っていた。

チャーチ委員会には関係者しか知りえない資料が送りつけられていたが、そこには何らかの「意図」があったとしか考えられなかった。

そして、チャーチ委員会で話が出てから恐ろしく早いスピードで日本の捜査機関が捜査に着手したのはどうしてだったのか。当時の三木武夫首相は、わざわざフォード大統領に捜査への協力を要請する手紙を送っている。

ここからは、角栄の政治的失脚を狙って、三木が積極的な捜査を検察に促したのではないかという仮説が生まれてくる。

日本だけでなく米国側から日本の検察に圧力をかけるのが極めて有効と判断した石井は、角栄にアメリカの弁護団を参戦させるよう、頼み込んだ。

だが、意外にも角栄の返事はこうだった。

「いや、アメリカの弁護士は断ってくれ」

どうしてですかと食い下がった石井だったが、角栄は明確な理由を示さなかったという。

無罪になる自信があったのか、それとも米国側の弁護士は信用できないと考えたのか――結局、一審判決では検察側の求刑に近い、懲役4年、追徴金5億円という実刑判決が下された。

アメリカが角栄を潰しにかかった理由

ここで、アメリカ側が角栄の政治的失脚を狙った「理由」について、指摘されている主要な説に触れておきたい。

まずひとつが角栄の成し遂げた「日中国交正常化」である。

1972年、総理大臣に就任した角栄は同年9月、電撃的に訪中し、毛沢東、周恩来らと直接交渉して日中国交正常化を成し遂げた。

角栄はその1カ月ほど前、ハワイにおける日米首脳会談の席で、事前にこの中国との国交正常化計画をアメリカ側（ニクソン大統領）に伝えていた。

ちなみに、このハワイにおいて、アメリカ側がすでにロッキード社のトライスター機購入を日本側に持ちかけていたとの説が根強くあるが、確実な証拠はない。

しかし、アメリカ側が角栄の「日中国交正常化」の動きに「不信感」を抱いたのは間違いないことで、これは当時のアメリカの外交文書でも確認できる。

戦後、日本はアメリカにひれ伏してきた。しかし、どうも角栄という男はそうではないようだ。そのことにアメリカは気づいた。

あの日中国交正常化に見られたような角栄の圧倒的「行動力」は、アメリカに警戒感を抱かせたというわけである。

もうひとつ、アメリカ側が懸念していたのは角栄の「資源外交」だ。

1973年に起きた石油（オイル）ショック。角栄はアラブ諸国寄りの政治姿勢を見せたが、ここでイスラエルを支持してきたアメリカ側と対立構造が生じる。

米国の石油メジャーが、これまでの日本の総理大臣とは明らかに異なる行動パターンを見せる角栄の動きを牽制しようとした。これも「虎の尾説」の根拠となっている。

事件発覚時の総理大臣だった三木はその後、いわゆる「三木おろし」と呼ばれた田中派を中心とする倒閣運動によって退陣を余儀なくされる。

角栄は被告の身分となったものの、逆に水面下で隠然と政界を支配する「闇将軍」へと変貌していった。

当時、角栄がこの事件の構図をどう認識していたか。

5億円の受け取りが事実であったかどうかは別として、人為的にこの情報がリークされ、角栄失脚のシナリオが描かれていたのかそうでないのか。その点について、当時目白の私邸で角栄と「サシ」で話ができた記者や政治評論家のなかには、角栄がはっきり「アメリカにやられた」と口にしたのを聞いた人が何人もいる。

また、角栄との間に子どもをもうけた神楽坂の芸者、辻和子もロッキード事件で逮捕された角栄が、戻ってくるなり「アメリカのせいで……」という単語を発したとはっきり証言している。

もっとも、角栄がどうして「アメリカにやれらた」と確信するに至ったのか、それについて本人が語った記録はない。

かりにアメリカが罠を仕掛けたとしても、5億円の収賄が事実だとすれば、これは「有罪」となるわけだが、そもそも、このトライスター機の話が最初からカネを受け取らせ、摘発させるためのシナリオだったとすれば、それは壮大な話である。

ロッキード事件の原型は、独自の政策に打って出る角栄を押さえつけたいアメリカの思惑と、日本における「反田中」の思惑。それが一致した「日米合作」だったという説は、それほど荒唐無稽なストーリーではないだろう。あとはそれを裏付ける資料や証言が、今後どれだけ出てくるのかという問題である。

「角栄潰し」によって日本は国益を損なったか

新潟の貧しい雪国で育った田中角栄は、戦後初めて、非エリートの叩き上げ総理として、国民に熱狂的な歓迎を受けた。

官僚政治にいやけがさしていた国民にとって、言葉と言動にリアリティがあり、人間味にもあふれた「角さん」は親しみやすい庶民派総理であった。

だが、当時は時代の「変わり目」だった。

周知のとおり、角栄には総理大臣になる前から愛人や隠し子が複数存在したが、それを追及するメディアは皆無だった。

しかし1974年に月刊誌『文藝春秋』が角栄の金脈とともに、金庫番であり角栄のパートナーでもあった〝越山会の女王〟こと佐藤昭子の素性について報じたとき、角栄は「これ以上、佐藤や自分の家族を苦しめたくない」との思いから、あっさりと総理退陣を決意したのである。

何事も程度問題とはいえ、それまで許されてきた政治家のふるまいが、その報道を境に許されなくなった。それが「金脈報道」がもたらしたもうひとつの意味合いである。

あれほど高い支持率を誇っていた角栄は、ロッキード事件以降「悪の枢軸」と見なされ、少しでも角栄を擁護したり、同情したり、肩を持つような報道をすれば、その記者は「ジャーナリスト失格」との烙印を押されてしまうような、そんな状態が長く続いた。

ヒステリックな報道に耐え続けていた角栄だったが、そのストレスは並大抵のものではなかったに違いない。

竹下登の「裏切り」に激しく反発した角栄

長いロッキード裁判を闘いながら、角栄は検察側に圧力をかけるため、法務大臣に田中派議員を送り込むなどして徹底抗戦を続けた。

しかし、そこで噴出したのが、竹下登の「創政会」設立（1985年2月7日）である。

いつまでたっても田中派から総理大臣候補を出せない、角栄の後継者も決まらないという状況に、竹下がついに動いた。しかし、角栄はそれを認めなかった。

角栄のストレスは最高潮に達した。毎日、朝からウィスキーのオールドパーをストレートで飲む。

1985年2月27日、角栄は脳梗塞で倒れ、都内の病院に入院したが、結果的にこのとき、角栄の政治生命は途絶えた。

言語障害が残った角栄は意志の疎通が困難になり、その後は基本的に誰とも会わない状態が続き、1990（平成2）年に政界を引退する。

この間、ロッキード裁判の二審判決は角栄の控訴を棄却し、一審判決を支持。

そして1993年、角栄の死により、裁判は上告審の途中で公訴棄却となった。角栄の秘書だった早坂茂三は、「まるでオヤジの死を待っていたかのように最高裁が公訴棄却した」と表現したが、日本の裁判所が「首相の犯罪」を確定させることを躊躇《ちゅうちょ》したのかどうか、確かめる方法はない。

角栄という天才政治家が、「仕掛けられた罠」によって失脚したのだとすれば、それは当然、角栄本人にとってみれば痛恨の極みであっただろう。

また、類い稀《まれ》なる実行力の持ち主であった角栄が、多くの労力を裁判対策に取られ、政治家として日本を良くするという前向きな仕事に向き合えなかったことは、日本国民にとっても残念なことであったと思われる。

しかしいま、角栄の残した思想や言葉、そして数々の仕事には再び光が当てられ、高く評価されている。

時代を超えて伝わってくる、角栄のダイナミズムとスケール感は、何かによって抹殺されることなく、国民の共有財産としてしっかりと受け継がれているのである。

風流夢譚事件

現場にいた元編集者が語る事件の経緯と「言論の自由」

1961（昭和36）年に起きた「風流夢譚《ふうりゅうむたん》」事件は、右翼少年によって出版社の中央公論社社長宅が襲撃され、お手伝いさんが死亡、社長夫人が重傷を負った昭和の言論テロ事件である。

出版ジャーナリズムのあり方に大きな影響を与えたこの事件について、別冊宝島編集部は2005年、事件当時中央公論社の社員編集者であった粕谷一希《かすやかずき》氏（元『中央公論』編集長）に取材している。

粕谷氏は2014年に84歳で死去した。本稿はインタビュー記事を復刻したものであり、記述は2005年当時のものである。

安保闘争と1960年の「時代背景」

「あの事件のことは、ひとときも忘れたことはありません」

そう回想するのは、元『中央公論』編集長の粕谷一希氏である。

1960年11月、月刊誌『中央公論』が掲載した深沢七郎《ふかざわしちろう》氏の小説「風流夢譚」の内容をめぐり、右翼団体が激しく反発、抗議行動を先鋭化させた。

翌1961年2月1日、中央公論社・嶋中鵬二《しまなかほうじ》邸に右翼少年・小森一孝が侵入し、お手伝いさんを殺害、嶋中夫人に重傷を負わせた事件は、それぞれ「風流夢譚事件」「嶋中事件」と呼ばれ、日本の「言論テロ」史上に残る出来事として記録されている。

このとき、中央公論社社員として内側からこの事件を見ていたのが、当時30歳の粕谷氏であった。

「いま思えば、あの事件は中央公論社の衰亡の始まりであり、私にとっても言論の問題を考えていくうえでの出発点にもなったのです」

いま改めて、事件の経緯を聞く。

1960年は、「安保闘争」の年であった。「知識人」の条件は反体制であり、野党、労組、学生らもこぞって安保体制打破に動いた、そんな時勢だった。

その一方で、右翼によるテロ事件も相次いで起きている。

同年6月には社会党・河上丈太郎が右翼少年に刺され負傷。そして10月には浅沼稲次郎委員長が17歳の少年・山口二矢《おとや》に日比谷公会堂の壇上で刺され、命を落としている。

反体制運動と、それを牽制するテロリズムが拮抗する緊張状況のなか、問題となった小説「風流夢譚」は掲載された。

この小説は、当時の安保闘争を連想させる革命状況が舞台。右翼が問題にしたのは、小説のなかのくだりに、当時の皇太子、美智子妃の首が斬られ「スッテンコロコロ」と転がる描写が含まれていたからである。

粕谷氏の回想。

「なぜ、あの小説が『中央公論』に掲載されたのか、という経緯については、当時、出版部に籍を置きながら、『思想の科学』という雑誌に携わっていた私には詳しくわからない部分もあります。筆者の深沢七郎氏については、明確な担当編集者がいたわけではなく、中央公論社全体が担当のようなものでした。というのも、彼は1956年の中央公論新人賞の第一回目の受賞者であり、いわば社の〝共有財産〟でもあったわけです」

深沢七郎氏の受賞作はかの有名な「楢山節考《ならやまぶしこう》」である。この作品はベストセラーになり、映画にもなった。

日劇ミュージックホールでギターを弾いていたという深沢氏は、従来の文士のイメージ、それはたとえて言うと「芥川龍之介風」であったが、それを大きく覆す芸人風のキャラクターであった。

粕谷氏は、深沢氏が初めて中央公論社にやってきたときの案内係をつとめ、その際、深沢氏が場の空気に慣れず、緊張した面持ちで汗をかいていたことを記憶している。

「『風流夢譚』については、誰かが発注したものではなく、深沢氏のほうから持ち込まれた原稿だったようです。そして、それは持ち込まれた後、すぐには掲載されず、長期にわたって保留されていました。いまでも判然としないのは、誰がどこまでその原稿を読んでいたのかということなんです。当時の『中央公論』編集部は、編集長を含め約10人の部員がいたと記憶していますが、なぜ、保留されていた原稿が掲載されたのか。

当時噂されたのは、それまで数カ月ほど病気で入院し、復帰したばかりの竹森清編集長が、話題づくりを焦ったというものでした。『楢山節考』で新人賞を受賞したときの選考委員であった三島由紀夫氏に『風流夢譚』を読んでもらい、意見を伺ったところ『面白い。載せてみてはどうか』と言われたらしい、という話もありました。しかし、これらは本当の話かどうか、いまでもわからないのです」

あいまいだった編集部の「覚悟」

粕谷氏が「風流夢譚」掲載を知ったのは、その号が発売された2、3日後のことだった。

「出版部の同僚と昼食をとりに近くの飲食店に出たとき、『風流夢譚』をもう読んだか、と聞かれたのです。まだだと答えると、そこで簡単なあらすじを聞かされました。私は、これはちょっと問題アリの小説のようだな、と直感しました」

実際にその小説を読んだとき、粕谷氏は不吉な予感を隠しきれなかった。

「これは、一種の革命恐怖小説だ、と思いました。あのとき、国会前には30万人という空前絶後の数のデモ隊が集まっていた。それは、体制側にとってはかり知れない重圧と恐怖であったはずでした。それは深沢氏にとっても同じで、彼は革命を扇動したのではなく、むしろ見たこともない光景を目の当たりにして、それに恐怖したのではないか。私はそう解釈しました。しかし、この具体的すぎる描写は、いかにもまずいのではないか。不安がよぎりました」

このとき、件の表現が編集部で問題視されず、すんなり掲載されたのかはなお疑問であるが、

「少なくとも、当時の編集部に、この作品を掲載する覚悟のようなものがあったのかどうかと問われれば、それはあいまいだったと言わざるをえない。時代状況の認識も甘かったし、『中央公論』に掲載するに値する作品なのかどうかという議論も

なかった。当時の『中央公論』は10万部近い部数が出ており、その影響力は文芸誌の比ではなかったわけですしね」

この「風流夢譚」掲載後、大江健三郎の小説「セブンティーン」が『文学界』(文藝春秋)に掲載された。

社会党・浅沼委員長刺殺事件(犯人の山口二矢は17歳)をヒントに書かれた作品であったが、このときも右翼団体が文藝春秋に抗議する事件が起きている。しかし、文芸誌に比べ、当時圧倒的な影響力を誇っていた総合月刊誌『中央公論』の場合は、その程度ではすまなかった。

小説を一読したときの粕谷氏の懸念は的中した。掲載後間もなく、京橋の中央公論社には右翼団体が押し寄せるようになり、嶋中社長への抗議を日増しに強めていった。右派ジャーナリストの野依秀市《のよりひでいち》は主筆をつとめていた『帝都日々新聞』で中央公論社を非難し、宮内庁も、これは天皇を冒涜《ぼうとく》するものだとして告訴を検討する構えまで見せたのである。愛国党の赤尾敏《あかおびん》はデモ隊を組織し、中央公論社に押しかけて糾弾を加えた。

これらの動きに対し、竹森編集長、嶋中鵬二社長は、何とか自身のレベルで事態を収拾させようとしたが、抗議活動は収まらず、編集作業にも支障をきたすようになった。そして粕谷氏は「援軍」として、後に直木賞作家となる綱淵謙錠《つなぶちけんじょう》氏とともに1961年1月1日付けで、『中央公論』編集部へ配転されることになる。竹森編集長は辞任、後に退社した。

出張校正室で聞いた「惨劇」

当時、あらゆる雑誌の編集部は、最終校了になると部員が印刷会社の出張校正室に出向き、最後の作業に当たるのが慣わしであった。

年が明けて1961年2月1日、午後10時ころ。『中央公論』編集部員は校了作業のため、市ヶ谷の大日本印刷出張校正室に詰めていた。嶋中社長自身もゲラを読んでいたそのとき、校正室の電話が鳴った。編集部員が受話器を取り上げると、嶋中社長に手渡した。

「お母さんが刺された！」

「ええっ！」

長男・行雄からの電話に、嶋中社長の顔面は蒼白になった。

「嶋中社長の自宅は、同じ市ヶ谷にあって、歩いていける距離でした。最終校了とはいえ、私もやはり社長の後を追いかけることにした。編集次長であった京谷秀夫さんは、残って校正する、と冷静な判断をしました。私が自宅に駆けつけると、すでに人が集まっていて、お手伝いさんが死亡、嶋中夫人は重傷で救急病院に搬送されていた。三島由紀夫氏が現場にかけつけたのを、私は目撃しています」

当時の報道によれば、経緯はこうである。

〈2月1日午後9時15分ごろ、元大日本愛国党員・小森一孝（当時17歳）が嶋中邸に侵入し「右翼の者だ！　あの『風流夢譚』は何だ！」と叫び、家政婦・丸山かね（50歳）を殺害。嶋中夫人（35歳）に重傷を負わせ逃亡。翌日午前7時、山谷マンモス交番に自首した。〉

最悪の事態が起こった。小説掲載とは無関係の2人が殺傷される悲劇は、中央公論社への同情を集めるかと思われたが、むしろますます非難の声が大きくなり、騒動は拡大した。

「それまで騒がなかった右翼まで押しかけるようになり、浜口雄幸《おさち》首相を東京駅で狙撃したことで有名な右翼活動家、佐郷屋留雄《さごうやとめお》まで押しかけ社内でイスを振り回すなど、それはもう大混乱でした。そしてもうひとつ、池田勇人内閣が中央公論社を告訴すると言い出したことも問題だった。国家相手に裁判になれば、中央公論社は倒産する。幸いこの時は、大平正芳官房長官らが多数派の意見を制して裁判にならなかったことで助かったのです」

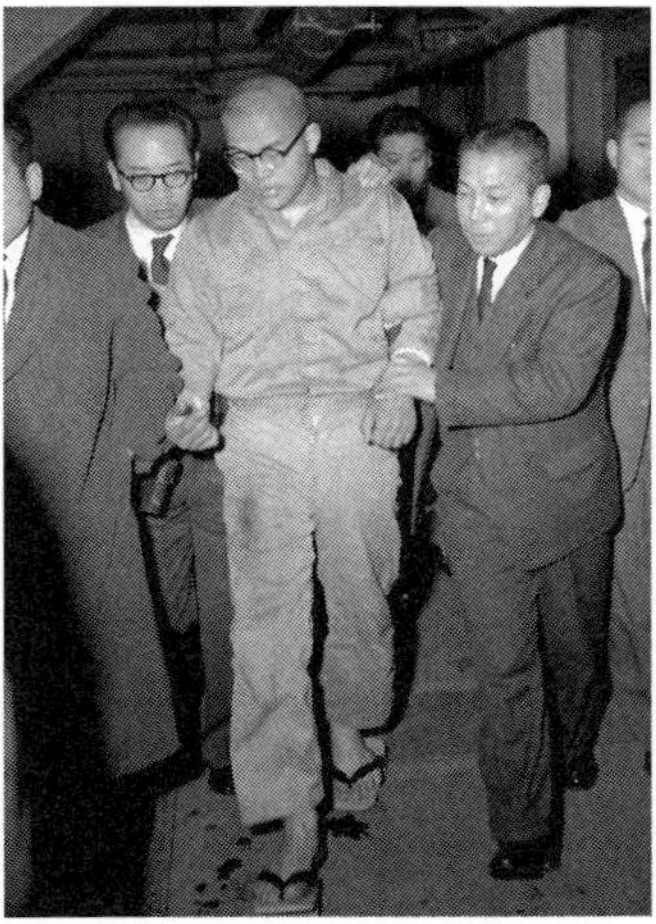
逮捕された17歳の少年「小森一孝」

　嶋中事件後、言論テロを非難する

趣旨の社告を発表した中央公論社であったが、非難が高まった後は、不適切な作品を掲載し、殺傷事件を「ひき起こし」、世間を騒がせてしまったことを詫びるという、全面敗北の社告を再発表するに至った。

著者の深沢七郎氏もその後しばらく、隠遁《いんとん》を強いられている。

『思想の科学』廃棄事件

「覚悟を持った言論人がテロに遭うならともかく、全く関係ない人間に危害が及ぶのを目の当たりにして、私は、言論の自由とは、非常に慎重に行使すべき権利であるという考えを持つに至りました。中央公論社がテロを非難するにせよ、亡くなった命は戻ってこない。果たしてあのとき、命を懸けてこの小説を掲載すると覚悟していた編集者がいたのかどうか。そう考えたとき、私には声高に『言論の自由』を叫ぶ気にはとうていなれませんでした。人間の生命と、言論の自由のどちらが大切なのか。場合によっては、言論の自由が大切であるというケースもあるかもしれない。しかし、自分が死ぬのであればまだいい。そうでない場合もあるわけですね」

嶋中事件の混乱が冷めやらぬ1961年12月、今度は雑誌『思想の科学』天皇制特集号断裁事件が起きる。

テロ事件以来、24時間警護の状態が続いていた嶋中社長であったが、社長の知らないところで同社が刊行する『思想の科学』が天皇制特集を企画、校了したことが判明。これ以上右翼を刺激することを懸念した上層部が、直ちに配本を中止、断裁してしまうという事件である。

「この経緯については、全く知らされませんでした。『思想の科学』としては、そもそも中央公論社を支援する企画であったと私は考えています。しかし問題は、社長、上層部と現場の意思疎通が全くできていないことでした」

これにより『思想の科学』編集部は中央公論との溝を深め、嶋中社長が謝罪文を発表したものの、結局、編集部員たちは「思想の科学社」を設立し中央公論社を離れてしまう。

この事件は社の労使問題に発展し、その後10年以上にわたってじわじわと中央公論社の体力を奪っていくことになる。

「嶋中社長自身、夫人をテロで傷つけられたという体験により、無意識のうちに、恐怖感を植えつけられた。そういうことはあったと思います。自我の自己崩壊、アイデンティティを失ってしまったのではないか。あんなに明敏で大胆だった人が、後に過激派の脅しに腰砕けになるのを見て、やはりあの事件が尾を引いているようにしか見えなかった」

制限のない「言論の自由」はない

「かつて満州事変が起きたとき、誰もこれが太平洋戦争につながっていくと思っていなかった。それと同じことでしてね、あのとき『風流夢譚』を掲載することが、組織の衰亡を招く、いわんや中央公論社が読売の傘下に入るなどということを予測する人など誰もいなかったわけです。歴史の動きとはそういうものです」

と粕谷氏は回想する。

「人間にはいろいろな権利というものがあります。しかし一方で権利と権利の競合というものがある。言論の自由は大切な、守るべき権利です。だからこそ、その行使に当たっては、濫用を避け、相克するもう一方の権利について、配慮しないといけない。無制限に自由な権利などないのですから。現在の言論状況を見るにつけ、私はこうした思いをことさら強くしています」

最後に、事件で登場した人物の「その後」に触れておきたい。

中央公論社嶋中鵬二社長は、1997年4月、鬼籍に入った。

テロを敢行した小森一孝氏には、懲役15年の判決が下った。受刑中に精神を病んだとも伝えられる。

「風流夢譚」著者の深沢七郎氏は、その後放浪の生活に入り、埼玉県に開いた「ラブミー牧場」で、親しい人間以外とは絶対に会わない隠遁生活を送った。深沢氏は1987年に死去。最後まで「風流夢譚」の出版、再掲載は認めなかったという。

狭山事件

事件を生んだ「昭和農村社会」と「部落差別」の暗部

文／伊吹隼人（ノンフィクションライター）

「狭山事件」は、いまから60年近く前の１９６３（昭和38）年5月1日に埼玉県狭山市で発生した、身代金目的の強盗強姦殺人事件である。

同じ年の3月31日には、台東区入谷（現・松が谷）で村越吉展ちゃん（当時4歳）が誘拐される事件が発生しているが、その際警察は身代金受け渡し現場で犯人を取り逃がす大失態を演じてしまっていた。

この「吉展ちゃん事件」は未解決のままとなっていたため（のち吉展ちゃんは遺体で発見される）、当時社会では警察への非難の声が高まるとともに、「そのうち模倣犯が現れるのでは……」との不安も広がりつつあった。

狭山事件の被害者となったのは市内に住む農業・中田栄作さんの四女・善枝さんで、当日は彼女にとって16回目の誕生日でもあった。彼女はその日、在籍していた埼玉県立川越高校入間川分校で同級生らに「誕生日だから早く帰る」と言い残して自転車で下校している。しかし、やがて外が豪雨となるなか、善枝さんは夜になっても帰宅しなかった。

心配した長兄の敬治さん（仮名・当時25歳）が探しに行くものの見つからず、やむなく家に戻り家族と共に夕食をとっていると、いつの間にか家の玄関の戸には白い封筒が差し込まれてあった。

中を開けると、それは身代金を要求する脅迫状で、「子どもの命が惜しかったら5月2日の夜12時に、女性が20万円を持って佐野屋（近所の雑貨店）の前に立て。友人が車で取りに行く。警察や近所の人に話せば子どもの命はない」との内容が書かれてあった。文字は汚く、当て字も多かったが、とりあえず意味はわかるものとなっている。善枝さんが誘拐されたことを確信した父と敬治さんは、ただちにこれを持ち、近くの駐在所に届け出た。

そして翌晩、中田家で唯一の女性であった姉の登美恵さん（当時23歳。母親は10年前に死去）は、脅迫状で指定された通り、「佐野屋」の前に立った。この時、周囲には38人の警官が張り込んでおり、またその近くでは善枝さんの母校・堀兼中学校ＰＴＡ会長の松田秀雄（仮名・当時42歳）氏と中学3年時の担任教諭・灰澤啓一（仮名・当時32歳）氏も一緒に隠れてそれを見守っていた。

すると、3日午前零時を過ぎた頃、意外にも犯人はそばの畑に現れて、暗闇の中から登美恵さんに呼び掛けてきた。

犯人の「オイオイ、来てんのか」という第一声に、登美恵さんは「来てますよ」と答え、その後問答は10分ほど続いたが、張り込みの気配を察したのか、犯人は「警察に話したんべ、そこに2人いるじゃねぇか」「おらぁ、帰るぞ」と言い残して、そのまま姿を消した。気付いた警察官たちは慌てて飛び出すが、すでに犯人の姿はどこにもなく、彼らはただ呼子の笛を吹き鳴らしながら畑の中を闇雲に走り回るほかなかった。

善枝さんの救出が絶望的になったため、翌朝からは大掛かりな山狩りが開始された。その結果、4日午前になって、善枝さんは市内の農道の土中から遺体となって発見される。遺体には姦淫の跡があり、死因は絞殺とされた。

「吉展ちゃん事件」に続くこの大失態に批判の声は止まず、国民の警察に対する不信感はピークに達した。直後、篠田国家公安委員長（当時）も警察に対しては、「5月8日参院選本会議で事件の捜査結果を報告する予定になっているから、それまでに犯人を捕まえよ」と督励している。

やがて、焦った警察は完全に余裕をうしない、偏見に基づくとも思われる〝見込み捜査〟を開始することになった。すなわち、脅迫状の文面から、犯人を「知能の低い者」「20万円程度を大金と考える者」と判断した上での、市内被差別部落に対する集中捜査である。

逮捕された「部落出身」の青年

そしてその結果、5月23日になって市内に住む被差別部落の青年で、事件前まで被害者宅近くのＩ養豚場に勤務していた石川一雄（当時24歳）氏が別件で逮捕される。

石川氏はのちに犯行を全面自供し、一審では死刑判決が言い渡されるが、ある支援者の助言によって途中から「警察に騙されていた」ことに気づき、控訴審では突然無実を主張し始めた。

石川氏によれば、取り調べの際には「別件だけでも10年の刑だが、善枝さん殺しを認めればそれも合わせて10年にしてやる」と言われ、死刑判決を受けても実際は10年で出所できると信じていた、というのである。なお、自供に基づいて発見されたという物証はどれもねつ造の可能性が高いものばかりであった。

結局、二審では「無期懲役」に減刑され最高裁で確定するが、石川氏は獄中からも無実を叫び続け、弁護団とともに再審請求を繰り返した。１９９４（平成６）年に仮釈放となった石川氏は狭山に戻ったが、法廷闘争はなおも継続中で、現在は第3次再審請求中となっている。

なお、この事件は数多くの謎が存在していることでもよく知られている。なかでも最大の〝ミステリー〟とされているのは、事件後5人もの関係者が相次いで自殺していることである。

まず事件の5日後には被害者宅の元・使用人のO氏（当時30歳）が、自身の結婚式を翌日に控えていたにもかかわらず農薬を飲み自殺しているが、彼は犯人と同じ血液型B型で、脅迫状と筆跡も似ており（警察発表）、死体発見現場近くに新居があったことなどから事件との関連が強く疑われていた（警察は最終的に「シロ」と発表）。

また、事件10日後には「被害者の通学路付近で怪しい人影を見た」と証言した市内の住民・T氏（当時31歳）が突如自宅で自殺している。事件翌年には被害者の姉・登美恵さんも、入籍直後でありながらノイローゼとなり自殺。その2年後には一部から「真犯人ではないか」と疑われていたI養豚場主の兄・I氏も、西武線の踏切で自殺の轢《れき》死《し》体となって発見されている。さらに、その11年後には被害者のすぐ上の兄・喜代治氏も自宅で命を絶ってしまった。これらの自殺については、一部「他殺」が疑われているものもあり、その原因や実際の死亡状況等はいまもほとんど判明していない。

大手新聞が「特殊地区」と報道

当時、狭山にはFとKという被差別地区があり、石川氏が事件以前働いていたI養豚場の従業員も、その多くが被差別部落出身者であった。当時の付近における差別の実態はどのようなものであったのか。狭山市駅近くに長年居住する男性は、次のように語っている。

「まあ、昔は今よりずっと差別もひどかったよね。よく〝踏切向こう〟(F地区)とか〝川向こう〟(K地区)みたいな言い方もしてたし。あと、部落の人はI、M、K、Tとか名字が決まってるからすぐわかっちゃうんだ。小・中学校では特に問題も起こらなかったけど、ただボロっちいのが恥ずかしいからなのか、あんまりそこに住む奴の家に呼ばれたりすることはなかったな……。大人になってからも皆、その辺には行かなかったし。だから逆に、そういう家にたまたま行ったりすると、普段誰も来ないもんだから大歓迎されたりするんだよね」

また、ある元・学校関係者はこんなことも語っていた。

「いまでは考えられないことなんだけど、その頃市内のある中学校では、出席簿で部落の子の名前の横には印が付けられていたりしたんです。子どもたちは皆仲良かったけど、大人では結構こだわっている人が多かったですね」

同時期の差別と偏見が相当にひどいものであったことは、当時の新聞報道からも想像に難くない。

たとえば、事件の年である1963年5月25日付の埼玉新聞では、「環境のゆがみが生んだ犯罪　いまだに残る〝夜ばい〟用意された悪の温床」として、被差別部落を〝特殊地区〟と記しており、同年6月24日付の東京新聞では「犯罪の温床『四丁目部落』善枝さん殺しの背景　捜査遅らす強い団結　復しゅう恐れ一般人の協力得られず」などのタイトルが付けられているのである。

また、同じ年の5月24日付埼玉新聞では、「石川一雄はこんな男　常識外の異常性格　なまけ者でギャンブル狂い」として、顔写真の横には「常識では考えられぬ異常性格の持ち主、石川一雄」とのキャプションまでが付けられている。こうした報道は、当時の警察による〝印象操作〟によるものと考えられるが、しかし多くの人々はこれらをそのまま鵜呑みにし、部落に対する偏見を強めていくことになった。

I養豚場も、事件の年の3月に被害者の住む上赤坂から隣接する堀兼地区に移転させられているが、これも「一帯の人々に嫌がられたため」(石川一雄氏の話)だったという。

ただし、公平な観点からいえば、I養豚場が疑われたことには仕方がない面もあったようだ。なぜなら、そこは犯人が逃げた方向に存在していただけでなく、以前から地元でも怖れられた「不良の溜まり場」だったからである。

被害者宅周辺の人々も、最近ではその多くが石川氏に対して好意的であるが、実行犯についてはいまもほとんどが「(石川氏以外の)養豚場従業員」とみており、「善枝さんは養豚場の前を通学路にしていたため、犯人に目を付けられた」とも考えているのである。

それでも、地元住民らによれば部落差別そのものは、いまやほぼ「昔話」になりつつあるという。特に若年層においては、近年相当に考え方も変化してきているようである。

「もう、この辺の子たちは何とも思っていないみたいです。そうした地区も今は立派なビルやマンションがいっぱい建ってるし。同和教育なんかも行われているけど、そもそも何で差別するのか自体が今の子にはよくわからないみたいですね。いまだにそんなことを言ってるのは、年配の人ばかりですよ」（前出の学校関係者）

被害者が「性的に奔放だった」というデマ

ところで、被害者となった中田善枝さんはどのような少女だったのだろうか。これについて、中学2年時の担任・安田幸司元教諭はこう語っている。

「明るくて活発。スポーツが得意で、成績も良くて、いわゆる優等生タイプでした。性格は一言でいえば〝体育会系〟ですね。副級長や生徒会副会長もやっていて、大手新聞社主催の行事に学校代表で参加したりもしていました」

異性関係に関しては、石川氏支援者の一部が「性的に奔放。肉体関係を持っていた男性が10人以上いた」「彼女は痴情のもつれで殺された」と書籍に記したため、一般にも広く信じられているが、これは全くのガセ情報であったようだ。中学同期生らも全員、この件については「それは絶対ない。そんな話は聞いたこともないし、あの狭い村の中で深い関係の相手などいたらすぐにわかる」と語り、完全否定している。

ただし、彼女に男子の友人が多かったことだけは事実だったようで、同期生の1人は「男女分け隔てなく付き合う子だった。男子の家にも気軽に遊びに行っていたけど、当時そういう子は珍しかった」との証言も行っていた。

前出の灰澤教諭も同様のことを述べているが、それに対しては「(警戒心のない様子に)危険を感じた」とも付け加えている。

なお、善枝さんは当時、中学同期生の松田修(仮名)氏に熱烈な片思いをしており、そのことを頻繁に日記にも綴っていた。

一部にはこんな記述もみられる。

3月3日「(松田さんと)行きも帰りも会い、少し恥ずかしかった」
3月10日「松田さんと手をつないで(ローラースケートを)うまくすべりたい。謝恩会にも2人でアベックで歌いたい」

3月15日「松田さん、さようなら。胸がいっぱいだった」（卒業式）
3月31日「××さんかと思ったら、松田さんだった。私はあいさつして通りすぎた。
　　　　松田さん、ふりむいたかしら？」

彼女が、決して「性的に奔放な少女」などでなかったことは、こうした内容からも明らかであろう。この松田修氏は事件翌日、佐野屋の張り込みに参加したPTA会長・松田秀雄氏の子息で、同期生らによれば彼は中学当時、校内で〝スーパースター〟的存在だったという。
「あれはいいとこの坊っちゃんだったし、ケタ外れの秀才で野球部のエース、生徒会長もやっていて、ハンサムで背も高かった。だから、いつも女生徒たちからはキャーキャーいわれていたんだ」（堀兼中卒業生）
修氏は中学卒業後、地元の名門・川越高校に進学しているが、しかしその翌年、彼の運命は突如暗転している。父親の秀雄氏が中学卒業式の途中、脳溢血で倒れ、急死してしまったためである。

「あの親父は材木商だったんだけど、ＰＴＡのことばかりやってて仕事がおろそかになってたんだ。それでかなり借金こさえたまま、いきなり死んじゃったから、松田も大学進学諦めて、東京のＴストアに就職することになったみたいなんだな……。アイツはその後、出世もできなくて、パッとしないままで定年になって帰ってきた。あとは同窓会にも一度も出てこない。まあ、高校にも行けなかったバカ連中が出世してたりするから、奴も自分が情けなくて出てこれないのかもしれないね」(同前)

筆者は現地で何度か修氏を見かけているが、いまではどこにでもいるような小太りの老いた男性となっていた。

ちなみに、当時の農村の高校進学率はまだ低く、善枝さんが卒業した年の堀兼中学校１０７名の進路をみても高校進学者は47名だけとなっている。

学校は「平和な農村の学校、という感じ」(安田元同校教諭の話)だったと伝えられるが、その一方では「前時代的な、軍隊みたいなところもある学校だった」と証言する卒業生もいた。特に前出の灰澤教諭などは暴力教師として有名で、「男でも女でも、バカスカ鼻血が出るまで殴ってた。あまりに殴られ過ぎて、耳が聞こえなくなったり、重い障害を負った生徒もいたし……。いまなら、絶対クビでしょうね」（卒業生の話）等語られている。この灰澤教諭は、事件後偽証を行うなど不審な行動を取ったため、一部の関係者たちからはのちに事件関与の疑惑も持たれることになった。

村内に厳然と存在した「家の格式」

「あんな大事件が起こるなんて、あの頃は到底想像もつかないような場所だった」

旧《ふる》くからの上赤坂（被害者の居住地域）の住民の1人はそう語っている。また、前出の安田元教諭も同様に、

「この辺は街灯もなくて、夜は真っ暗でした。その頃、駅の方へ出掛けた教諭の1人が、日が暮れたら帰ってこれなくなったこともあった。あと、当時は村内に信号すらなかったんです。だから初めて信号が付いた時、生徒を連れてそこに行ったら、皆どうしていいかわからなくなっているんですよ。当時の堀兼（「佐野屋」があった地区）なんてそんなところだったんですよね」

と話す。

「農民のほとんどは、純朴な感じで、感覚も都会とはかけ離れていた」（前出の上赤坂の住民）というが、事件の頃には一帯でさまざまな開発が進み、その利権などを巡って、政治的なトラブルも少なからず起きていたようである。事件発生日は、果たして偶然なのか「狭山市議選」当日でもあったが、一帯で最大の有力者であった中田家では、被害者父の栄作氏が事件直前に上赤坂区長に就任していたことから、この選挙にも大きな影響力を持つようになっていた。

また、事件直前には中田家を含むグループが同じ村内の某政党員を〝村八分〟にしており、「相当な恨みを買っていた」とも伝えられている。この政党員は、Ｉ養豚場とも結びついていた人物で、「事件後にはこの政党に属する刑事が、養豚場捜査を盛んに妨害していた」との証言もあった。

婚姻関係も複雑で、村内では有力な家同士による勢力拡大のための「政略結婚」などもしばしば行われていたようである。

事件より遥か以前になるが、善枝さんの母親もその関係からか、婚礼当日には家の庭に墓を模した「土まんじゅう」が造られるという、悪質な嫌がらせを受けている（亀井トム氏の『狭山事件』などの著書にある「墓石が投げ込まれていた」との記述は誤り）。

また、村内では家によって「格」の違いのようなものがあり、下位の家は上位の家に対し、「何も言えない状況」とのことで、それはいまなお続いているという。一帯は、江戸初期に川越藩により開拓された土地で、それに基づき「最上位」は初期入植者、「最下位」は戦後の農地改革により新たに入植した人々や〝小作上がり〟の農民、とされていたのである。

特に遠方からの入植者などは「よそ者」と蔑まれ、子どもらも学校ではいじめの対象となった。そのため事件発生直後、「怨恨」を動機と疑った警察は、新規入植者の開拓地であった上赤坂H地区の集中捜査を行ったりもしているのである。

なお、被害者の父・栄作氏は事件直後、「犯人が捕まっても、会いたくもないし、写真を見たくもない。犯人の方でも、私の顔を見られないだろう。よく知っている人に違いないから」とあたかも犯人の予想がついているかのような不思議な発言を行ったため、一部からは「何か犯人に心当たりがあったのでは……」との推測もなされた。さらに、「中田家は家族関係がきわめて複雑だった」といわれており、近所の人々らは「善枝さんの本当の親は違っていた」との証言もしている。詳細は不明ながら、村内では「それが事件の遠因になった」と考えている人々がいまも少なくないようである。

完全に景色の変わった「事件現場」のいま

事件当時、「村は警察とマスコミがワッと来て、それこそひっくり返ったような大騒ぎだった」（上赤坂の住民）と語られているが、しかし確定判決で「きわめて拙劣」と断じられている通り、現地での警察の捜査はずさん極まりないものであった。

筆者も事件現場一帯で長年取材を続けているが、村内においては「警察が何度も聞き込みに来た」という家と「一度も来なかった」という家が混在しているのにしばしば驚かされた。信じ難い話だが、どうやら当時の警察は担当エリアも定めず、またリストさえも作らずに聞き込みを行っていたようなのである。

また、脅迫状には「警察や近所の人に話したら子どもは死ぬ」と書かれてあり、事件2日後の夕方まで警察は「極秘捜査」を行っていたことになっているが、実際は事件翌日朝には村人の大半が事件を知っており（事件翌日には、善枝さん同期生による「捜索隊」も結成されている）、その日の夕方には地元住民によって佐野屋付近で、警察が張り込みの準備をしている姿まで目撃されていたのである。さらには、I養豚場の前においては事件翌日の昼から検問も実施されていた。つまりは、地元に犯人がいたと仮定した場合、警察の動きなど最初から丸見えだったのである。

なお、事件後に自殺者が相次いだことについては、現場一帯でも首を傾げる住民が多かったが、しかし中には「昔の村内では、割合簡単に死を選ぶ風潮が蔓延していた」との証言もあった。驚くべきことに、善枝さんの堀兼中同期生106人をみても、何とすでに1割以上は自殺しているのである。異常な数字というほかないが、もちろんこれらは事件に関係するものではなく、多くはバブルが弾けた90年代前半頃のことだったという。5人の自殺が、もし事件に関係するものであったとしても、そうした風潮が影響していたことはおそらく十分考えられるのであろう。

※

事件からすでに60年近くが経つが、近年狭山市内では変化が著しく、事件現場の大半はすでに消滅してしまっている。駅前では再開発が進み、当時の商店街の大部分は駅前広場や歩道になった。殺害現場(確定判決による)や死体発見現場も住宅となり、被害者の通学路でもあった約1キロにわたって人家のない、森の中の小道「薬研坂《やげんざか》」は2車線のバス通りに変わり、また周辺の1キロ四方の深い森もすべて住宅や商店となった。

I養豚場跡にもアパートと新築の家が建ち、身代金受け渡し指定場所「佐野屋」もすでに閉店している。被害者の通っていた学校は跡形もなくなり、同地には現在高層マンションが建つ。2019年1月に80歳の誕生日を迎えた石川氏はいまだ健在だが、一方被害者については同期生の間でさえ、もはやほとんど思い出されることはなくなっているという。

なお、石川一雄氏支援者や弁護団はいまも無実を訴え続け、各地で活動を続けているが、あくまでも「冤罪の証明」を目的としており、〝真犯人捜し〟などは行っていない。関係者の死去や高齢化とともに当時の記憶は次第に失われつつあり、謎だらけのこの事件の真相もまた、深い闇の中へと消え去ろうとしてしまっているようである。

朝日新聞阪神支局襲撃事件

「赤報隊」と疑われた男の「最後の告白」

「赤報隊」とは明治初期に実在した幕末の志士集団の名である。犯人グループがなぜその名を騙《かた》ったのかは判然としていない。

1987（昭和62）年5月3日、憲法記念日の夜。休日の朝日新聞阪神支局では3名の記者が夕食のすきやきを囲んでいた。午後8時15分ごろ、突然、目出し帽に散弾銃を持った男が音もなく押し入り、無言で銃弾を発射する。400粒の散弾粒が入ったカプセルが、小尻知博記者（当時29歳）の左脇腹を直撃し、破裂。小尻記者の体に10センチの穴が開いた。次に銃弾を受けた犬飼兵衛記者（当時42歳）の右手の指が吹き飛んだ。

残る1人、高山顕治記者（当時25歳）にも銃口を向けた犯人は、しかし引き金を引かず、無言でその場を走り去った。小尻記者は搬送された病院で死亡が確認された。

「言論への重大な挑戦」——当の朝日新聞はもとより、あらゆるメディアがテロに非難の声をあげた。3日後、通信社に「赤報隊」を名乗る犯行声明文が送られる。

同年9月、朝日新聞名古屋本社社員寮に侵入した人物が散弾銃を発射する事件が発生。ここでも「赤報隊」が犯行声明を出している。

「反日世論を育成してきたマスコミには厳罰を与える」

犯人は、朝日新聞の論陣を認めない、極右的グループ。誰もがそう考えた。右翼団体への徹底的な捜査が始まった。

だが、この事件は同じ関西で起きたグリコ・森永事件（1984年）に比べ、その報道量はかなり少なかった。80年代の後半に大きな事件が頻発したこともあるが、朝日新聞が「この事件だけは絶対に他社に抜かせない」と、亡くなった小尻記者へ「弔い合戦」を固く誓ったことがその背景にあったとも言われる。

被害者が、警察官と日常的に顔を合わせる新聞記者であったことで、思わぬ緊張が生じてしまったことは想像に難くない。だが、それはどちらかといえば不幸なことであった。

月刊誌『新潮45』（現在は休刊）でこの事件をルポした一橋文哉氏が、小尻記者は「秘密に行っていた平和相互銀行問題の取材で、重大な秘密を知った可能性がある」と示唆した際も、朝日新聞は紙面で否定。小尻記者はそうした取材をした形跡はなく、「『赤報隊』が狙ったのは記者個人ではなく朝日新聞社だった」（2002年8月27日）という捜査報告書を掲げて反論している。

一連の事件が2003（平成15）年に時効を迎えたとき、捜査関係者は「朝日新聞がもう少し協力的だったら、事件の解明はもっと進んだ」「朝日の社長は、犯人に心当たりがあるのではないか」と、暗に朝日新聞社の姿勢を批判した。だが、最も犯人を知りたかった朝日新聞社にとって、それは言われなき中傷であっただろう。

捜査の過程で、さまざまな犯人像が浮上し、報道された。だが、いまもって犯人を特定する手がかりは得られていない。時効後の2009年には『週刊新潮』が

「実行犯の手記」を連載したが、後にまったくの虚偽であったことが判明し、同誌は謝罪に追い込まれた。告白者の男性は2010年、北海道富良野市の山中で白骨化した遺体となって発見された。

この事件で、発生当初から関与を疑われ、最後までマークされ続けたのが政治団体「一水会《いっすいかい》」顧問の鈴木邦男氏である。鈴木氏は「犯人と思しき人物」と接触していたことを自ら告白していたが、自身の関与については否定している。時効成立直前には都内の自宅アパートに放火される事件も発生し、事件との関係性が注目された。

事件の「真相」はどこにあったのか。鈴木氏が2005年に『別冊宝島』に寄稿した内容をダイジェストで紹介する。

鈴木氏は1943年生まれ。1967年に早稲田大学政治経済学部卒業後、1970年から73年まで産経新聞社に勤務。1972年に「一水会」を創設。「新右翼」の代表的存在として活動していた。

【「赤報隊」と疑われた私の18年】（別冊宝島『戦後未解決事件史』より）

「赤報隊」から送られてきた切符

赤報隊事件が起きたのは1987年5月3日だ。事件直後から僕はずっと「容疑者」だった。それも、第一番の容疑者だった。警察の眼の付け所は間違ってない。ただ、捜査の眼が僕と「新右翼」関係者だけに集中した。

その間に、赤報隊はスルリと逃げた。そして時効を迎えた。そして市民社会に戻っていった。もう二度と出てくることはない。

僕は、リーダーと思われる人物と会ったことがある。正体はわからない。一方的に、向こうから連絡がある。こんな方法があったのか、と思う方法で連絡してきて、何度か会った。

切符が送られてきて、関西のある駅で降りた。すごい雑踏だ。押されながらすれ違った男がいた。

「後をついてきて下さい」と小声で言い、スタスタと歩く。一度も後ろを振り返らない。尾行を警戒しているのだ。ホテルの部屋を取っていた。寝ないで話をした。そんな会い方を何度かした。

彼も危ない橋を渡っている。もし尾行されていたら、尾行を撒けなかったら彼は捕まる。また、僕の家にはしょっちゅうガサ入れ（家宅捜索）が入る。何か、手がかりになるメモでもあったら終わりだ。

実際、公安は、僕を怪しいと思い何度か別件逮捕した。ガサ入れをした。そんなに危ない僕なのに彼はなぜか全面的に信頼してくれた。

なぜやったのか。朝日新聞に対する怒り、アメリカに対する怒りを彼は言う。しかし、個人的なことは一切言わない。何の仕事をし、どこに住んでいるか。殺しの技術をどこで学んだか。そんなことは一切言わない。僕も聞かない。

これは僕のためでもある。知っていたら、酒を飲んでいる時にポロリと言うかもしれない。また、右翼の合宿で寝ている時、寝言をいうかもしれない。すぐ公安に知られる。だから、聞かないことにした。

右翼の活動をしている人間なら、必ず自分がやったと告白する。本人が言わなくとも、周りの人間が、「実は俺の知り合いだ」と言う。団体としては、ハクがつくと思うからだ。

それなのに赤報隊は名乗り出ない。いわゆる「右翼」ではないからだ。そんなことをしても何のメリットもないと思うからだ。自分たちの言いたいことは全て「声明文」で書いた。僕に会ったのは、付け足しだ。

野村秋介から受けた「批判」

彼らが地方の支局を狙ったのは、銃撃後、逃げられるからだ。それしかない。どこの支局でもよかったし、どの記者でもよかった。小尻記者を特定して狙ったと推測する人もいるが、それはない。

全国の支局を調べ、襲いやすい所、逃げやすい所から順に襲っていったのだ。また、その方が朝日により大きな恐怖を与えられると思った。どこが襲われるかわからない。しかも記者が標的となると、パニックになる。おちおち取材にも行けない。赤報隊はそれを狙ったのだ。

しかし、僕にしろ「新右翼」と呼ばれる人にしろ、朝日に対する考えは彼らと違う。朝日・毎日は左翼的かもしれない。しかし、右翼・民族派の言い分を載せる。許容度が大きい。

左翼的だと思われているから、かえって反対意見を載せるのかもしれない。野村秋介《しゅうすけ》さん（新右翼の代表的活動家。1993年、抗議に訪れた朝日新聞社で短銃自決）にしろ僕にしろ、朝日・毎日に取り上げられたことが一番多い。それに比べ、産経・読売は右翼・民族派の主張を一切取り上げない。似ていると思われるのが嫌なのだ。自分たちは街宣している右翼、暴力をふるう右翼とは違う。そう言いたいのだ。

だから僕は、朝日、毎日の方が「味方」だと思う。ところが赤報隊にはその理屈がわからない。いくら話しても平行線だった。だが、考えの違う僕を信頼し、会いに来た。そこは不思議だ。考えが違い、僕は彼らを批判する。だがその批判を通じてでも、赤報隊の主張が伝わればいいと思ったのか。

記者を殺害した彼らをストレートに擁護はできないし、彼のやり方は認められない。だから徹底的に非難した。

それは「卑劣な自己保身」に見えたかもしれない。実際、私は野村秋介さんに批判された。

「昔は非合法をやっていたくせに、事件の容疑者にされた途端、テロはいけないなんて言っている。卑怯だ」

そして「鈴木君とは絶縁する」とまで言われた。「実は……」と、何度も言いかけたが、堪えた。

いまや日本全体が「赤報隊」

警察は初めから終わりまで僕らを怪しいと思っていた。時効が近づくと、いろんな事を仕掛けてきた。

「重要容疑者10人」の顔写真入りのリストを作ってマスコミにばら撒いた。「新右翼」といわれていた10人のメンバーだ。「この中に必ず犯人はいる」と断言した。僕ももちろん入っている。

「山形の合宿で犯人について、ポロッと漏らした」といったことも書かれていた。全く忘れていた。冗談で言った話がさも第一級の証拠のように書かれている。他の容疑者についてもそうだった。日本の警察は世界一だと思い、公安も優秀だと思っていた。

右翼については当の右翼以上に詳しい。そう思っていたから、警戒心を捨てず、僕も禁欲主義に徹した。しかし、この文書を見て「何だ、公安も大したことないな、これじゃ赤報隊も捕まらないわけだ」と思った。でも、それも僕を油断させる罠だったかもしれない。

時効の1カ月前、自宅に放火された。この時は僕も動揺し、狼狽した。外に出していた洗濯機が全焼し、ドア、ガラスが焼けた。

2日後「声明文」が届けられた。赤報隊からの脅しにとれる文面だった。「もしかしたら本当に赤報隊か」と思い、疑心暗鬼になった。

いや、これは公安の仕業か。僕がパニックになり「ふざけんな。じゃ赤報隊のことを何もかもバラしてやる!」といきり立つ。そう仕向けているのかもしれない。

冷静に考えたらわかるが、公安もそこまではやらない。しかし「鈴木の野郎は卑劣だ」と他の右翼を煽ったかもしれない。事件があったら僕が動く。そう思ったのか。

あるいは、放火で怒った僕が、赤報隊に会いに行き、抗議すると思ったのか。ところが、連絡は向こうからだけだ。僕は連絡の方法がない。

そして時効を迎えた。赤報隊はまた、闇の彼方に消えた。二度と現れないだろう。日本は今や急激に右傾化し、僕ですら「反日」だなんて言われるくらいで、日本全体が「赤報隊」になっている。

彼らはいま「俺の思ったとおりになった」とほくそ笑んでいることだろう。

第二章　闇に消えた「真犯人」

布川事件

警察が編集していた「取調べテープ」

1967（昭和42）年8月30日の朝、茨城県北相馬郡利根町布川《ふかわ》に住む玉村象天《たまむらしょうてん》（当時62歳）が自宅で殺害されているのが見つかった。

死亡推定時刻は8月28日の夜。遺体は両足をタオルとワイシャツで縛られた格好で、口にはパンツが押し込まれていた。死因は絞殺による窒息死であった。

被害者が小口の貸金業を営んでいたことから、金銭目的での強盗殺人として素行不良者を中心に捜査が進められたが、被害者の白い財布が現場から見当たらなかったほかは、何が盗まれたのかわからなかった。

10月に入り、地元に住む桜井昌司（当時20歳）、杉山卓男（当時21歳）の2名が別件で逮捕された。

警察は2人に玉村殺しについての自白を迫った。

「現場でお前を見たという証言がある。早く言えば楽になる」

「桜井が、お前がやったと言っている。もう言い逃れできると思うな」

自暴自棄になった2人は犯行を自白。公判では「自白を強要された」と主張したものの認められず、1978年、2人の無期懲役が確定した。

物的証拠はなく、金銭目的の強盗といいながら、何が盗られたのかもはっきりとされていない供述調書。

また現場から43点も指紋が検出されたにもかかわらず、桜井、杉山のものがひとつもないという状況に「冤罪ではないか」との指摘が広がり、法曹関係者や有識者を中心に支援チームが組織されていった。

千葉刑務所に服役した2人は1996(平成8)年11月に仮出所。事件から29年ぶりにシャバへ戻ったかつての青年たちは、白髪の目立つ中年男性となっていた。

出所後、2人は冤罪を晴らすべく共闘。この物的証拠がほとんどない事件について2005年、水戸地裁土浦支部は再審開始を決定する。

その後、検察側は2度にわたり抗告するが、2009年12月15日、最高裁は正式に布川事件の再審を決定した。

編集されていた「録音テープ」

再審公判では、事件当時の取調べテープが再生された。テープは巧妙に編集されていた。

取調官　（犯行の際に）何をやったんだい？
桜井　「足、足」って言われたもんで、とっさに「あ、これ、騒がれっちゃあれだ」と思ってね、押さえ付けました。
取調官　それから？
桜井　また「足を」って言われたような気がします。それで「これで縛っちゃわなくちゃしようがねえな」と思って、部屋の中にあったタオルと、くぎに掛かっていたワイシャツを取ったと思います。

（中略）

取調官　縛ったときに手は？

桜井　左側で押さえ、右手でぐっと上から回しました。

取調官　ふーん、右手で。そして縛ったのか。

桜井　はい。

（中略）

【テープ中断】

取調官　で、それからどうしたっけ。

桜井　それから、わたしは立ちました。

取調官　そしたら？

桜井　象ちゃん（被害者）苦しそうに動いたと思います。ただ、それは杉山が一遍殴り付けたと思います。

取調官　何で殴ったの？

桜井　手で。

取調官　どこを？

桜井　顔辺りじゃないかと思います。

取調官　そして？

桜井　そしたら動かなくなりました。で、自分は「ああ、大変なことしちゃったんだなあ」と思って、足が金縛りみたくなっちゃって動かなくなっちゃったんです。

これだけ聞けば、いかにも桜井の素直な自供とも受け取れる内容だ。しかし、取調官が自白を誘導した証拠となる「13カ所の編集跡」が確認された。

さらに当時、事件現場にいた女性（77歳）が証人として出廷。

「現場で見たのは杉山さんではなく別の知人男性だった」

と証言している。

また、検察側が求めていた被害者の足に巻かれていたワイシャツなど4点のDNA鑑定について、その請求が却下された。

２０１１年5月24日、水戸地方裁判所土浦支部は2人に対し無罪判決を言い渡した。しかし、冤罪によって失われた貴重な時間が戻ってくることはない。２人は冤罪事件の被害を訴える活動を続けていたが、杉山は２０１５年10月27日、69歳の生涯をひっそりと閉じた。

名張毒ぶどう酒事件

奥西死刑囚の「冤罪」をめぐる格闘半世紀

三重県名張《なばり》市で1961（昭和36）年、農薬入りのぶどう酒を飲んだ女性5人が死亡した「名張毒ぶどう酒事件」。

無罪を訴え再審請求中だった奥西勝死刑囚は2015（平成27）年10月4日、収容先の八王子医療刑務所で死去した。89歳だった。

逮捕から半世紀以上にわたって拘置所のなかに幽閉され続けた奥西の人生は、まさに死刑制度、冤罪との格闘史であったと言える。

1961年3月28日、三重県名張市葛生《くずお》の公民館では、賑《にぎ》やかな集会が開かれていた。

12人の男性と20人の女性が出席していた集会の目的は、表向き地区の役員改選であったが、実質的には男女の親睦「飲み会」であった。

午後8時過ぎ、男性に日本酒、女性にぶどう酒が振舞われ、乾杯の音頭とともに懇親会が始まった。

数分後、1人の女性が倒れた。すると、ぶどう酒を飲んだ女性たちが次々に苦悶の表情を浮かべる。そこかしこで嘔吐《おうと》を繰り返す女性の姿――楽しいはずの集会は地獄絵図と化した。

この日、5人の女性が死亡し、12人が中毒症状を訴え病院に運ばれた。ぶどう酒に何らかの毒物が混入していたのは明らかだった。

捜査の結果、ぶどう酒の中に農薬「ニッカリンT」が混入されていたことが判明した。狭い村の中に疑心暗鬼が広がった。

「村の住民に犯人がいるのではないか――」

不安は的中した。4月2日、逮捕されたのは住民のひとり、奥西勝（当時35歳）であった。奥西は妻と、愛人関係にあった女性の2人をこの事件で亡くしていた。

奥西はいったん犯行を「自供」した。動機は、妻と、愛人との三角関係のもつれを解消しようとするものだった。

マスコミは、狭い集落のなかに存在していた「おおらかな男女関係」とその風習について、面白おかしく書きたてた。小さな村は、さらなる好奇の目に晒されることになった。

一度は犯行を自白した奥西だったが、公判では犯行を否認。１９６４年12月23日、津地裁は証拠不十分として奥西に無罪を言い渡した。

物的証拠とされたぶどう酒の王冠の状態と自白内容に矛盾が認められることが理由となった。そして村では公然の秘密だった奥西の女性関係が、殺人を犯してまで解消すべき大問題であったとは考えにくかったことも、動機の否定につながった。「疑わしきは被告の利益に」を当てはめた判決であった。

しかし、検察は控訴。１９６９年９月10日、名古屋高裁は逆転死刑判決を言い渡す。そして１９７２年６月15日、最高裁が高裁判決を支持したことにより奥西の死刑が確定した。

間に合わなかった「再審開始」

日本の死刑制度においては、確定後、特別な理由がない限り6カ月以内の執行が定められている。

しかし戦後、実際に「半年以内の執行」がなされたケースはない。死刑囚の心情の安定や各種手続きもあるが、法務大臣の許可がすぐに降りないことも理由のひとつである。特に、この事件のように無罪から死刑に振れた極端なケースでは、冤罪の可能性を考慮し、法務省は死刑執行の起案を躊躇してきたと思われる。

死刑確定後、奥西は他の死刑囚同様に再審請求を開始。1974年からの14年間で、5回にわたる再審請求が行われたが、いずれも棄却された。

しかし2005年、名古屋高裁（第一刑事部）は再審開始を決定する。奥西が「歯で開けた」とされるぶどう酒の王冠について、そうではなかった可能性が出てきたことを評価したものだが、その後、検察側が異議を申し立て、名古屋高裁（第2刑事部）は再審を取り消した。

再審の開始＝無罪がほぼ暗黙の了解となっている日本の司法制度において、奥西にとっては痛恨の「取り消し」であったが、ストーリーはこれで終わらなかった。

この再審取り消しに対し、弁護側が最高裁に特別抗告。2010年、最高裁は自判せず、審理を「高裁差し戻し」としたのである。

「再審しない」という高裁の判断を最高裁が差し戻したということは、今後、再審する（＝ほぼ無罪となる）可能性が高まったように見えた。しかし、名古屋高裁は再び再審取り消しを決定、今度は最高裁もその決定を支持（2013年）し、結局「再審の扉」は開かなかった。

2015年に奥西は死去したが、再審を求める活動はその後も遺族によって継続されている。事件の舞台となった名張では、いまだ事件を知る者たちが暮らしている。

彼らがすべて奥西の無罪を信じ、歓迎しているかと言えば必ずしもそうではない。奥西が無罪となれば、あのとき、村のどこかに「真犯人」がいたことになる。そのことは、地域の平穏を大きくかき乱す「不都合な真実」となってしまう。冤罪事件が持つ残酷性の一断面である。

下山事件

国鉄総裁「謀殺説」をめぐる永遠の謎

1949（昭和24）年に頻発した数々の「鉄道テロ事件」は、国鉄の労働問題と深い関係にあると言われている。

特に、7月6日の「下山事件」（常磐線）、7月15日の「三鷹事件」（中央本線）、8月17日の「松川事件」（東北本線）は、俗に「国鉄三大ミステリー事件」と呼ばれ、人員整理に対抗する国鉄労組の反抗であるという定説に対し、さらに大きな謀略が働いているとする「GHQ陰謀説」などが拮抗し、いまなお真相の完全究明はなされていない。

この年6月1日、新しく発足した国鉄の初代総裁に下山定則《したやまさだのり》（当時49歳）が就任した。

帝国大学卒の下山は鉄道省のエリート官僚で、戦後は名古屋鉄道局長、東京鉄道局長などの要職をつとめ、事件前年の1948年には運輸次官に登りつめていた。

当時、下山が抱えていた最大の仕事は「リストラ」であった。国鉄は約10万人の職員整理を決定、1949年7月4日には、第一次整理として3万700人の職員に解雇を通告した。

下山が「失踪」するのは、この翌日のことである。

7月5日午前8時20分ころ、いつものように大田区の自宅を出た総裁専用車ビュイックは、東京駅前の国鉄本社ではなく、銀行を経由して三越デパートに向かった。

「5分ばかり待っていてくれ」

下山は運転手にこう言い残し、三越の中へ消えていったが、これが生きた下山の「最後の姿」となった。運転手はこのあと夕方までその場を離れず待ったが、下山はついに戻ってこなかった。

この日、午前9時からの会議に出席予定だった下山が姿を見せないことに不審を抱いた国鉄本社は、午前10時前、警視庁に連絡を入れている。

午後5時、ついにラジオが「国鉄総裁の行方不明」を報じた。

運転手や三越の全店員に聞き取り調査が行われたが、下山の足取りは依然としてつかめない。日付が変わった7月6日午前2時過ぎ、衝撃的な一報が入った。

「総裁が轢死体で発見された」

発見者は上野発松戸行きの常磐線の運転手。下山の遺体は常磐線北千住－綾瀬間の線路上で無残にも5つに引き裂かれていた。

鑑定の結果、下山は7月6日午前0時19分に現場を通過した貨物列車に轢《ひ》かれたことがわかった。渦中の国鉄総裁の怪死に日本中が色めき立った。

米国立公文書館に保存されていた6枚の写真

苦しい現実からの逃避を試みた自殺か、あるいは首切りに反対する労組による犯行か。はたまた労組を沈黙させるためのGHQの陰謀なのか。下山の死の「真相」をめぐり、マスコミは大論争を繰り広げた。

ポイントとなったのは、下山の「三越デパート」以後の足取りと、轢断時に下山は生きていたのかどうかという2点である。

目撃証言によれば、下山は三越デパートを去った後、地下鉄に乗り移動。東武伊勢崎線五反野《ごたんの》駅に近い「末広旅館」にて、1人で時間を過ごしていたとされる。

また、解剖学の権威とされた古畑種基《ふるはたたねもと》・東京大学教授は「死後轢断」を主張し自殺を否定したのに対し、同じく有力な法医学者である中館久平《なかだてきゅうへい》教授はこれに真っ向から反論。自殺か他殺かの根拠をはっきりさせることは困難になった。

朝日新聞と読売新聞はおおむね「他殺説」を支持したが、毎日新聞は「自殺説」を展開。論争に拍車をかける格好となった。

その後、人気作家の松本清張は「他殺説」を主張。7月5日の午後11時18分に占領軍の専用列車が現場を通過していることを指摘し、赤羽の占領軍基地で殺害された下山がこの列車によって運ばれ、後に通過した貨物列車に轢断されたと推理した。「自殺」を本線とする筋読みで動いていたとされる警視庁も、1949年12月31日をもって捜査本部を解散。最後まではっきりとした結論を出さないまま、1964年、殺人事件であった場合の公訴時効が完成した。

その後も「下山事件」に関する証言と新事実発掘は続いた。

1986年、産経新聞は米国立公文書館において解禁された6枚の「スクープ写真」を公開した。それらを見た近代の法医学者たちの見解は「生体轢断」に傾いている。

事件の捜査に当たった警視庁の刑事・平塚八兵衛は、下山が軽度の鬱病状態にあったことや、松本清張の取材を受け自殺だと説明して清張も納得していたのに「他殺」のストーリーが発表されたことなどを明かしている。

果たして、自殺だったのか。それとも他殺だったのか。事件から70年以上が経過したいまも、謎は尽きない。

免田事件

警察の暴力的取調べと否定された「アリバイ」

免田栄《めんださかえ》・元死刑囚（93歳）は、史上初めて「死刑台から生還」した人物として知られる。

事件は1948（昭和23）年12月30日未明に起きた。

熊本県人吉《ひとよし》市に住む祈禱師（当時76歳）と妻（52歳）、長女（14歳）、次女（12歳）の一家4人が刃物で刺され、夫妻は死亡、娘2人が重傷を負っているのを夜回りから帰った次男が発見した。

翌1949年1月13日、人吉警察署は球磨郡《くまぐん》免田村に住む青年・免田栄（当時23歳）を、玄米とモミの窃盗容疑で緊急逮捕した。狙いは祈禱師殺しの立件だった。

13日からの3日間、免田はほとんど睡眠をとらせてもらえず、正座を強要され、暴行を受けた。

「事件のあった12月29日の夜は丸駒という遊郭に宿泊していました」

免田はアリバイを主張したが、警察は聞き入れることなく、丸駒に宿泊したのは30日であると決め付けた。未成年であった娼婦に対し、警察は売春を見逃す代わり証言するなと圧力をかけたと言われる。

1月16日、窃盗容疑についていったん釈放された免田は、わずか2時間後、本件の殺人容疑で再び逮捕され、警察署へ逆戻りするのである。

再び始まった暴力的取調べに、免田は犯行を「自白」。丸駒に宿泊したのは12月29日ではなく30日であるという供述調書が作られた。

免田は一審の第三回公判から無罪を主張したが、いったん殺害の事実を認めた免田の主張を裁判所は聞き入れず、１９５１年12月12日、最高裁は上告を棄却。事件から3年で免田の死刑が確定した。

史上初「死刑台」からの生還

だが免田は諦めなかった。

翌1952年より、早くも再審請求を開始。いつ死刑執行がやってくるかわからない恐怖と戦いながら、自らの冤罪を訴え続けた。

1956年8月10日、アリバイの証人を見つけ出した第三次再審請求を受け、熊本地裁は再審開始を決定。ほのかに光明が差したかと思われたが、検察側の即時抗告により福岡高裁は再審を取り消した。

再審が最高裁によって認められたのはその20年以上後の1980年、第六次請求での「悲願成就」であった。

再審公判では、免田のアリバイが認められた。免田が12月29日、1100円を払い娼婦に300円、店主に800円が入った記録が店主の手帳にはっきりと記されていたのである。

また、事件翌日の12月30日、免田が友人宅に宿泊したと主張する点についても、免田が友人宅に向かう途中に出会ったという知人が出現。

出会ったのは米の配給日だったと証言し、その知人の米配給手帳を取り寄せて確認すると、確かに12月30日に米配給を受けていたことが判明した。

1983年7月15日、熊本地裁八代《やつしろ》支部は免田に無罪を言い渡し、即日釈放を命じた。死刑囚に対する、歴史的な無罪判決。およそ34年ぶりの「生還」――だが23歳の青年だった免田は57歳になっていた。

刑事補償金をめぐり日弁連と確執

老いた母の待つ熊本の実家に戻った免田は、一躍時の人となるが、保守的な農村の人々が、心から免田を受け入れることはなかった。

「やっぱり犯人ではないか。無実なら誰がやったのか」

「刑事補償金と裁判費用が1億円も入ったらしい」

狭い町の中で、自由の身となった免田はなおも偏見と戦い続けなければならなかった。この事件では、警察が最初から免田を犯人と決め付けたことで、他の容疑者は見当たらず、また犯行の動機や目的もほとんど解明されていなかった。

事件の舞台である人吉市は鹿児島県、宮崎県から持ちこまれる闇物資の中継地で、駅前は闇市でにぎわっていたという。だが真犯人の動機は、金銭か、怨恨か、いまとなっては何もわからないのである。

1994（平成6）年、免田は著書の中でこう弁護士を批判した。

「日弁連の人権課が支援して（中略）7名の弁護士がかかわり、10年がかりで無罪を勝ち取ってくれたけれども、そのあと裁判所に補償請求し国から1億1000万円ほど金が出ると、私に請求書類も渡さずにその金の半分以上をとった。金をとるなら、請求書類くらいは出すのが常識ではないだろうか」

これに対して日弁連は「心外だ」と強く反発したが、共闘してきた両者の溝は深まることになった。冤罪さえなければこのような思いをすることもなかったと思えば、免田はなおも「見えない桎梏《しっこく》」のなかに閉じ込められていたのかもしれない。

免田は90歳を超えてなお、死刑制度の廃止と冤罪の根絶に向けた活動を精力的に行ってきたが、2020年12月5日、福岡県大牟田市内の高齢者施設で95年の生涯を閉じた。

日航機墜落事故

日本政府はなぜ米軍の救助を断ったのか

乗員・乗客520名の犠牲者を出した1985（昭和60）年の日航機墜落事故から ちょうど30年が経過した2015年。NHKとTBSは事故に関する大がかりな検証番組を制作し、民放各局もそれぞれ独自の取材成果を報道番組にて放送した。NHKは墜落から生存者確認までに要した「16時間」の間に何が起きていたのかを改めて検証。またTBSは、4人の生存者の1人である川上慶子さん（当時12歳）の兄に密着し、事件後の30年を取材したほか、事故の原因とされる圧力隔壁の修理ミスに携わった当時の米国人スタッフのインタビューにも成功している。

もっとも、事故原因や救出活動の遅れについて、これまでの定説を覆すような新事実が出るまでには至らず、30年間にわたってジャーナリズムが調査してきた「日航機事故」の全体像は、ほぼ検証され尽くした感も強い。

日航機墜落事故の直接の原因については「圧力隔壁の修理ミス」（事故調査報告書）と公式に結論づけられている。

事故機は1978年、大阪・伊丹空港にて「しりもち事故」（機体尾部が滑走路に接地する事故）を起こしており、その後、米国ボーイング社が圧力隔壁の修理を行ったものの、強度不足に終わっていた。その結果、上空で圧力隔壁が損壊し、客室内の空気が機体後部に流出したことによって垂直尾翼が破壊され、操縦不能になった事故機は墜落に至ったという流れである。

「圧力隔壁の損壊が事故のポイントであるという関係者の見解は、すでに事故の4日後にNHKが報じています」

と語るのは、当時記者として取材に当たったNHK幹部である。

「しかし、その一方で生存者の証言などから、機内温度の低下や強風が発生していなかった可能性が指摘され、また吹き飛んで相模湾に落下したと思われる垂直尾翼の大部分が回収・分析されていないことなどから、本当に圧力隔壁の破壊が事故原因だったのかという疑問は、遺族にも、取材者の間にもある時期まで強くありました」

当時は後に流出する「ボイスレコーダー」の音源も一般には知られておらず（非公開だった音源がマスメディアに流出したのは2000〈平成12〉年）、また後述する「アントヌッチ証言」も世に出る前だったため、限られた情報のなかで事故調査委員会の検証・報告内容を大筋で信じるしかないというのが実情だった。

だが当時、事故直後からある専門家が「異論」を唱えていたことはあまり知られていない。

航空評論家が指摘した事故の真相

「私が月刊誌『航空ジャーナル』編集長だった青木日出雄氏からその話を聞かされたのは、事故からまだ間もない頃だったと思います」

と語るのは、当時の政界関係者である。

「航空評論家として連日、日航機事故の原因についてメディアにコメントを求められていた青木氏と偶然、話す機会がありました。彼は真剣な表情で『テレビでは決して言えないことだが、垂直尾翼が破壊されたのは言われているような圧力隔壁の損壊によるものじゃない。私は米軍による誤射ではないかと思う。墜落機を最初に発見したのは米軍で、現場から残骸の一部を回収したようだ』と言いました。そして『本当のことを言えないでいるが、そのことが心苦しい』とも語ったのです。私は大変驚きましたが、あまりに唐突な話で、ただ青木氏の話を聞くことしかできませんでした」

このとき青木氏は、なぜ自分が米軍の誤射によって垂直尾翼が破壊されたと思うのかを専門用語を交え、絵を描きながら解説したというが、その説明はとうてい専門知識のない者に理解できる内容ではなかったという。

青木日出雄氏は1927年北海道生まれ。1956年に航空自衛隊に入隊し、退官後の1974年に月刊誌『航空ジャーナル』を創刊。日本を代表する航空評論家として活躍した。息子の青木謙知《よしとも》氏も航空評論家である。

だが日航機事故の3年後、青木氏はガンのため61歳の若さで他界する。

晩年の青木氏と会ったという前出の政界関係者はこう語る。

「青木氏は最後まで、事故原因に米軍が関与しているという説を信じていたようでした。冗談か本気かはわかりませんでしたが、闘病によって髪の毛が抜けた姿でこう言っておられたことは強く覚えています。『余計なことを言うと殺されるぞ』と」

あらかじめ断っておけば、日航機事故の原因が「外部からの攻撃によるものだった」とする説は今日、検証の意味がない「陰謀論」として片づけられている。しかし、航空の専門家であった青木氏が事故直後から抱いていた「米軍誤射説」の可能性は、その後に明らかになったさまざまな事実によって、「もしかしたら」というレベルにまで高まり、長い間くすぶり続けたこともまた事実なのである。

事故当日の不可解な「警察の撤収指令」

まず、当初から指摘された事実は、事故当日、早い段階で現場付近まで出動していた各県警の機動隊員らが、不可解な「足止め指令」を食らっていたことだった。

生存者の川上慶子さん、同じく生存者で日本航空のアシスタント・パーサーだった落合由美さんはともに事故直後、周辺に何人もの生存者が声を上げていたと取材に対し答えている。

実際の捜索・救出活動は事故翌日の早朝から再開されたが、もし夜間に徹夜で捜索活動が行われていれば、もう少し多くの生存者を救出できたのではないかという思いはいまも遺族の間に残っている。

前出のＮＨＫ幹部が語る。

「当日、墜落現場をはっきり特定できなかった段階でも、群馬、長野、埼玉県の各県警が現場と思われる付近に機動隊員をスタンバイさせていたのは事実です。しかし、夜間の救出活動は危険がともなうという理由で、はやる現場にストップがかかった。ヘリから隊員を降ろすのはともかく、陸路を歩くのは訓練された機動隊員であれば、夜間だろうと山岳地帯であろうと何の問題もなかったことでした。いままも、どうしてあのときゴーサインが出なかったのかと思う現場の指揮官は数多くいます」

事故直後は報道陣の取材に対応していた生存者たちが、まったく取材に応じなくなったのもある「疑念」を呼ぶことになる。

「特に12歳だった川上慶子さんは、メディアに追いかけ回され、頑なに取材を拒否するようになった。川上さんの証言は、事故から数日後、報道陣の求めに応じ、入院していた病院の婦長さんが聞き取りをして公開された短いものがあるだけで、いまも本格的な証言として公表されているものはありません。しかし、自身の家族を含む多くの乗客が、事故直後は生きていて会話もあったという証言は、はっきり残っている。彼女がまったく口を閉ざすようになったことで、何か事故原因に関して人には軽々しく言えないような事実を知っているのではないかという説が広がったのは事実だったと思います」（同前）

大きな波紋を広げた米軍元中尉の証言

その後、さまざまなメディアやジャーナリストが事故の検証を試み、吉岡忍『墜落の夏――日航123便事故全記録』（1986年、新潮社）や、小説として発表された山崎豊子『沈まぬ太陽』（1999年、新潮社）といった関連作品が誕生した。

これらの作品でも、事故の原因はボーイング社の圧力隔壁「修理ミス」が垂直尾翼破損の原因とされていたが、事故から10年が経過した1995年、事故当日の米軍の動きについて元米軍中尉による重要な証言が米紙に掲載される。

1995年8月27日付の米軍の準機関紙『星条旗新聞』が報じたのは、事故当時、米空軍第345戦術空輸団に所属していたマイケル・アントヌッチ元中尉の告白。これが後に関係者の間で「アントヌッチ証言」と呼ばれるものである。

同氏によれば、事故発生当日の午後6時40分ごろ、C－130輸送機で沖縄の嘉手納基地から横田基地に帰る途中の大島上空で、日航機の機長が「緊急事態発生」を告げる無線を傍受した。

そして墜落（午後6時56分）の約20分後には御巣鷹山の尾根の墜落地点に達し、炎上しているのを確認。C－130からの連絡で、午後9時5分、米海兵救難チームのヘリが厚木基地から現場に到着。隊員がまさにロープで現場に下りる寸前までいったところで、司令部にいた横田基地の将校から「日本側が現場に向かっているので帰還せよ」との命令が下されたというものである。さらに、帰還した隊員らにはこの日起きたことを一切口外しないようにとの指令も下されたという。

「この証言は国内に少なからぬ波紋を広げました」

と前出の政界関係者が回想する。

「亡くなった青木さんがいち早く指摘していたように、墜落現場を真っ先に特定し、救出の準備までしていたのは米軍だった。なぜ日本側は米軍の救助を断ったのか。そして、その後上空から現場を確認した自衛隊、各県警はなぜ即座に救出活動に入らなかったのか。これらについてはいまだにはっきりとした原因がわかっていないのです」

1987年に公開された事故調査委員会の最終報告書には、米軍からの連絡について「運輸省東京空港局東京航空事務所救難調整本部は横田TACANから305度、35海里の地点に火災を発見した旨の米軍機（C－130）の情報を19時15分ごろ横田進入管制所経由で受領した」とだけ書かれており、その後海兵隊のヘリが救助に向かったことは確認されていないことになっている。

「しかし、記録に残っていないというのはあまりに不自然で、救出の遅れを隠蔽するために事実が抹殺されたのではないかという疑いが強まって、一気に事故報告書の信憑性が揺らぐ結果になったのです」（前出のNHK幹部）

当のアントヌッチ氏も、その後この件に関する再証言は一切受けず、現在は「ノーコメント」を貫いている。

「50年経過しないと真相はわからない」

アントヌッチ氏の証言以降、遺族たちは「事故原因の再調査」を求める声を強めていく。背景にあったものは、日航や運輸省が何か不都合な事実を隠蔽しているのではないかという疑念だったが、そこからさまざまな「真の事故原因」が囁かれるようになる。その筆頭格ともいえるのが「誤射説」だった。

先述した山崎豊子の『沈まぬ太陽』の中でも、ある週刊誌の記者が、事故調査官に「墜落の原因は自衛隊の演習用ミサイルが誤って垂直尾翼に当たったからではないか」と詰め寄る場面が出てくる。すでに当時、こうした「異説」が関係者の間で取りざたされていた証左である。

「修理ミスがあったとはいえ、強度が劇的に下がっていたとはいえない圧力隔壁がそう簡単に壊れるはずはないという理論と、墜落位置を早い段階で確認していた米軍が、当日の夜、どういった行動をしていたのか誰もわからないという状況から、米軍誤射説が再燃することになった」（前出の政界関係者）

2000年に入り、運輸省航空事故調査委員会が保管期間の切れた一部の事故調査資料をすでに廃棄していたことが報道されると、遺族やメディアの疑念はさらに高まる。

この報道と前後して外部に流出したのが事故機のボイスレコーダーに記録されていた音声である。

これまで文字に起こされた形でしか入手できなかったコックピットでのやりとりが、関係者によって外部にもたらされた。これは、日航の「隠蔽体質」に危機感を募らせた内部関係者が報道機関にリークしたものとされている。

先のNHK幹部が語る。

「最初の爆発音では、何か外部から撃墜されたような痕跡はなく、その意味で誤射説は否定される結果となったのですが、その頃より普及し始めたインターネットによって日航機事故にまつわるさまざまな情報が集約され、なぜ誤射説が浮上するようになったのかという背景がクリアになった。とはいえ、いまでもなぜあのとき、いちはやく現場を特定しヘリを飛ばしていた米軍の救助を日本側が断ったのか。そして、どうしてその記録が日米ともに残されていないのかについて、明確な答えは明らかにされていないのです」

当初から、その事故原因について疑義を呈していた青木日出雄氏は生前、こう語っていたという。

「この事故の本当の真相は、50年経過しないとわからないかもしれない」

それは関係者がすべて他界し、アメリカが資料を開示するときを指していたのだろうか。

日航機事故から37年。「真相」を追究する関係者たちのドラマはまだ終わっていない。

第三章　スポーツ界の「黒い霧」

ＫＫドラフト

巨人軍が「桑田1位指名」を決めた知られざる裏事情

２０１６（平成28）年2月、薬物事件を起こし有罪判決を受けた清原和博。かつての甲子園スターがまさかの転落に至るまでに迎えた「転機」を辿っていけば、誰しもが「あの日」に行き当たる。

１９８５（昭和60）年11月20日。運命の「ドラフト会議」のことだ。

１９８０年代前半に空前の甲子園フィーバーを巻き起こしたＰＬ学園。なかでも1年生から投打のエースとして活躍した桑田真澄と清原和博は、ともに数十年に一度の逸材として、プロのスカウトたちに注目される存在だった。

２人はいつも一緒だった。しかし、入団したい球団まで一緒だったことが、２人の絆を引き裂くことになる。

巨人が1位指名したのは、早稲田大学進学を表明し、プロ入りは絶対にないと公言していた桑田だった。巨人からの指名を信じて疑わなかった18歳の清原は絶望し、涙を流した。

あのとき、6球団が清原を1位指名した。たとえ巨人に入団できなかったとしても、巨人の1位指名という事実さえあれば、清原はその後、納得して自分の「運命」を受容していたかもしれない。

しかし、巨人は自分を指名してくれなかった。そのことに、いまなお清原は納得していない。

現役引退後の桑田が、かつて進学の約束を蹴った早大（大学院）にあえて入学したことが、清原には信じられなかった。

高校生だった桑田が早大に「進学する」という約束を破ったことで、その後しばらく、PL学園から早大はもちろん、六大学に進学することができない状況が生まれた。

清原はそのことについて、どれだけ周囲が迷惑したのか桑田はわかっているのか、と怒っているのである。

気持ちの整理がついていなかった清原

当時、巨人と桑田の間に「密約」はあったのか――この疑問についてはこれまで数々の検証が加えられてきたが、結論から言えば「密約」はあったと考えるしかない。それを裏付ける状況証拠は実に豊富だ。

しかし、清原はその「密約」について、これまで一度も桑田本人や、当時の王貞治監督など関係者に「真相」を問い質したことはないのである。

一方で、西武からＦＡ（フリーエージェント）宣言によって巨人に移籍した１９９６年オフ、清原は巨人との入団交渉の席で、事務的に契約条件を切り出す当時の球団代表に対して、こんな言葉をぶつけている。

「その前に僕は心の整理をつけたいんです。そんな条件よりも、11年前のドラフトの時のことが僕の中ではまだ整理がついていないんです」（清原和博『男道』幻冬舎刊）

しかし、球団代表は「ああ、そんなこともあったね」と笑うのだった。

何を未練たらしいことを言っているのか、と思われるファンも多いだろう。

気持ちを切り替えて西武に入団したのであれば、巨人への反骨心をエネルギーに変えればよかっただけの話ではないか——。

だが、清原は巨人に「謝罪」を求めていた。

それは自分を1位指名しなかったことよりも、チームメイトだった桑田を指名し、しかも桑田を入団させたことに対してである。

最終的に、この巨人移籍時には、渡邉恒雄オーナー（当時）が清原と両親の前で「ドラフトの件は、お父さんお母さんにまで悲しい思いをさせて申し訳なかった」と頭を下げたことで解決された。いや、されたと思われた。

しかし、清原の心の中では、まだ「火種」がくすぶっていた。もはや、清原にとってあのドラフトの問題は「消せない怨念」でしかないのだ。

あれほどまでに憧れ、入団したい、できると信じた球団に裏切られ、その後回り道をして入団したものの、最後は意に反してクビを切られた。

清原が「どんなチームでも野球をやるのは同じ」という考えを最後まで持ちえなかったとすれば、その「原点」がプロ入団時のドラフト体験にあったことは、疑いようがない。

憧れ続けた絶大な「巨人ブランド」

巨人と桑田の間に「密約」はあったのか。その問題について、いまいちど振り返ってみることにしたい。

1985年のドラフト会議はまさに清原のためのものだった。

高校通算64本塁打、打率4割1分2厘。甲子園でも13本のホームランを放った清原は、将来性と人気度を兼ね備えた、数十年に一度の逸材と呼ぶにふさわしい打者だった。

「清原以外にも多くの逸材が揃った豊作年でしたが、彼らがかすんで見えてしまうほどの光が清原にはありました」

と当時、ドラフトを取材したスポーツ紙記者が語る。

「投手では本田技研の伊東昭光やＮＴＴ関東の長冨《ながどみ》浩志、高知商業の中山裕章、野手でも本田技研の広瀬哲朗、都城《みやこのじょう》高の田中幸雄など、後に活躍することになる選手が大勢いました。しかし、とにかく各社の注目は清原。それも第一希望の巨人か地元の阪神に入れるかどうか。それが焦点でした」

大阪・岸和田市で生まれ育った清原ではあるが、祖父と母は大の巨人ファン。電気工事店を営む父・洋文氏は阪神ファンだったが、父より祖父になついていた清原は、物心ついたときから、「世界の王貞治」に憧れていた。

いまでこそ、「巨人でないと行きたくない」といったドラフト候補は少なくなったが、当時の「巨人ブランド」は現在とまったく比較にならない金看板だった。

前出の記者が語る。

「口にこそ出さないものの、指名される可能性のある選手の８割以上は〝巨人に行けたら最高なのになあ〟と思っていたはずです。まず全試合、テレビ中継があって、活躍すればその姿が全国に映し出される。そして、ＯＮをはじめとする子どもの頃に憧れたスター選手とチームメイトになることができる。さらに、ここが重要ですが資金力が違う。当時、あるパ・リーグのヘッドコーチから聞いた話ですが『巨人の2軍コーチに年俸を聞いたら、自分と同じだった』という。巨人は優勝する確率が高いので、同じ成績を残しても、他球団と年俸の上昇率がまったく違う。さらに、巨人に所属すれば知名度を得られるので、引退後は系列のメディアに仕事を斡旋してもらえるし、コーチの仕事もしやすい。人生設計上、巨人に入るのとそれ以外では大違い、というのがあのころの球界をとりまく時代状況でした」

球界が巨人を中心に回っているという現実は、「どうしても巨人に入りたい選手」を生み出し、そのことが「空白の一日」事件で有名な江川卓氏（現・野球評論家）や、1浪の末に目的を達成した元木大介氏（現・巨人軍コーチ）のケースなど、ドラフトにおける数々のドラマを生み出してきた背景にもなっている。

甲子園の歴史はじまって以来のスターであった清原が、憧れのホームラン王、王貞治監督率いる「栄光の巨人軍」を目指したのは当然の成り行きだった。

くすぶり続けた桑田への不信感

1985年夏の甲子園大会で優勝（PL学園）を果たした後、早々とプロ入り志望を表明した清原に対し、桑田は早大進学を打ち出し、退部届も出さなかった。

しかしこのとき、他球団やその動向を取材する記者たちが、桑田の進学を本気で信じていたかといえば、そうとは言い切れない。もっとハッキリ言えば、「桑田は結局巨人に行くのではないか」との疑念は初期からあったのである。

「理由は2つありました」と、前出の記者が語る。

「ひとつは、桑田家の金銭事情。そしてもうひとつは、当時巨人のスカウト部次長で大阪を担当していた伊藤菊雄氏（故人）の存在です」

まず桑田家の懐事情。

「桑田は3人兄弟の長男でしたが、実家には借金もあり、とてもではないが早稲田に進学させる金銭的余裕があるとは思えなかった。桑田の父、泰次氏（故人）は当時、有望な野球選手を、面識ある学校法人に送り込むという仕事を生業としていたが、収入は不安定で、甲子園でスターになった桑田に色紙を書かせ、それを販売するなどして生活するような状態だった。早大受験も体育推薦ではなく一般入試だったため、いかにも不自然でした」

さらに、寝業師《ねわざし》と呼ばれた伊藤菊雄スカウトの存在である。

「菊さんは自分の息子をPL学園の野球部に入部させ、本来、スカウトとの接触が禁じられている桑田の父・泰次氏と、野球部員の父兄という立場で頻繁に会うことができた。さらに過去、早大進学を打ち出しながら、巨人にドラフトで指名されると翻意して入団した大北敏博（高松商＝1970年）や鈴木康友（天理＝1977年）のケースがあり、その絵を描いたのが他ならぬ伊藤菊雄さんだった。今回もその気配が漂っていたことから、各球団は巨人の動きを徹底マークしていたはずです」

しかし、結果的にドラフト前の段階で「桑田の巨人入り密約」を本格追及したメディアはなかった。

「桑田はドラフト後の11月24日に早大を受験することになっていましたし、早大側をいくら取材しても、桑田の進学を疑う人間はいなかった。もし密約があったとしても、早大側がカモフラージュに協力するメリットはない。となると、本当に桑田が巨人と出来ていた場合、早大を完全に騙していることになるため、相当な問題になることが予想された。下手をするとその後、永久に早大から選手を取れなくなるかもしれないリスクをおかしてまで、桑田を取りにいくとは思えなかった。また、当時の王監督が、さかんに清原にラブコールを送っていた。同じスラッガーでもあり、自分の本塁打記録を塗り替えられる逸材である清原を、王さんが指名しないはずはない。早稲田実業出身である王監督が、早稲田と揉め事を起こすはずがないという思いもあった」

多少のキナ臭さはあるものの、「巨人もさすがに桑田はないだろう」とのムードのまま、11月20日のドラフト会議が近づく。

王監督の色紙が『日刊スポーツ』一面に

清原はドラフト前に「巨人か阪神でなければ日本生命に行きます」と表明。

ドラフト前日の11月19日には、決定的ともいえる記事が日刊スポーツ朝刊を飾った。

〈王　清原に傾く〉

大見出しが躍ったその紙面には、ご丁寧にも「清原和博君へ　努力　王貞治」と書かれた王監督直筆の色紙が掲載された。

「日刊スポーツの記者が、王監督に依頼したものでした」

と前出の記者が語る。

「清原君が、王監督のサインを欲しがっている、という理由で色紙を依頼すると、王監督はそのリクエストに応じ、色紙にサインした。それが新聞の一面を飾ったのです。しかし、この色紙で清原と巨人の〝相思相愛〟は決定的なものとして印象付けられ、事実、この日の〝ドラフト指名予想〟では、日刊も巨人にはもっとも食い込んでいるはずの報知も1位は清原と断言したのです」

このころ清原は、ＰＬ学園のクラスメートに「巨人が指名してくれる」と語り、有頂天になっていた。それを横目で見ていた桑田は、無関心を装い何も語らなかったという。

しかし、このドラフト前日から、水面下では各球団による激しい情報戦が繰り広げられていた。

ドラフト前日の19日、読売系の報知新聞（現・スポーツ報知）は一面で「巨人は清原指名」を伝えたが、球団の指名予想表をよく見ると、西武ライオンズの「外れ1位」予想の欄に「斉藤か桑田」とある。

なお斉藤とは、青山学院大学の右投手で、現在はソフトバンク3軍リハビリ担当コーチの斉藤学。最終的にこの年のドラフトで中日に1位指名（清原の外れ1位）され入団している。

当時の報知記者が回想する。

「実は、西武が桑田を指名するという情報は、西武側からのリークでした。ドラフト直前になって、どうも桑田の早大進学に確証が持てないと踏んだ根本陸夫管理部長（当時＝故人）が、球団フロントに命じて、西武が桑田を強行指名するという情報を球団関係者やメディアに吹き込んだのです」

これについては、当時の球団代表だった坂井保之氏も、後に同様の証言をしているので間違いないだろう。

根本氏は、巨人が桑田と清原の「W獲得」を狙っていると読んでいた。

つまり1位は清原を指名する。もちろん、その前段には王監督との「相思相愛」を演出し、ウソでも「日本生命に行く」と言わせてなるべく他球団の指名を排除する。

競合が予想される清原だが、うまく当たりクジを引くことができれば2位、または ドラフト外で桑田を指名。早大進学を表明している桑田ではあるが、「キヨが巨人に行くなら僕も……」と言えば、世間的には許される。

清原をクジで引き当てられなかった場合、外れ1位の隠しダマとして桑田を指名する。

これならば、最高のシナリオならKK同時獲得。最悪でも話がついている桑田は獲得できる。

しかし、このような作戦をまんまと許しては他球団のスカウトは何をしていたのかという話になる。球界の黒幕として知られ、独自の情報網を構築していた根本は、巨人に情報戦を挑んだ。

ドラフト前日の夕刊フジにも『巨人　桑田1位指名』という西武のリークに乗った記事が掲載された。

さまざまな思惑が交錯するなか、運命のドラフト当日を迎える。

系列の報知が「巨人伊東」の大誤報

11月20日のドラフト当日。今度は報知新聞の一面トップに驚くべき活字が躍る。

〈清原に8球団集中　巨人は伊東〉

前日、「巨人は清原」と断言した報知が、一転して社会人ナンバー1投手だった伊東昭光（本田技研）に方針転換。一体何があったのか。

これについては、当事者の証言がある。当時報知の巨人担当キャップだった山内豊氏は、最近になって次のように回想している。

場面はドラフト前日の夜、羽田空港だ。


〈7時過ぎ、出張帰りの王監督を取材に羽田空港に向かった。幸い他社の記者はだれもいなかった。「ドラフト最後の情報を下さい」の懇願に、王さんは「清原の1位指名はなくなった。投手でいくことにしたよ」といった。

さっそく会社でデスクに報告、アマ野球担当と検討会議を開いた。だが、桑田の「ク」の字もでなかった。締め切り時間が迫ってきた。「清原をあきらめてまで、ほしがる投手は、即戦力の社会人しかいない」と判断した。

ドラフト当日のスポーツ報知の1面紙面は「巨人の1位指名は伊東昭光（本田技研からヤクルト）」となった。結論、大誤報となった。〉（『夕刊フジ』2010年8月16日）

王監督を直撃したところ「清原1位」を否定された。しかし桑田はありえないと判断した報知は、伊東を指名すると判断したのだった。系列紙にも桑田指名を悟られなかった巨人の情報管理は完璧だった。

ドラフト当日のドラマは、ご存知のとおりである。巨人が桑田を単独1位指名。一方、清原を指名したのは6球団（阪神、中日、西武、近鉄、日本ハム、南海）。黒幕の根本管理部長が「黄金の右手」でクジを引き当て、巨人の指名を受けられなかった清原は涙を流した。

一方、「もしドラフトで指名されても記者会見はやりませんよ」と前日まで「早大一本」を強調していた桑田であったが、その後急速に態度を軟化させ、24日に受ける予定だった早大の入試も中止。あっさりと巨人入りを決めた。

報知を除くスポーツ紙は「密約」「第二の江川」と書き立てたが、決定状況が覆ることはなかったのである。

ＰＬ学園入団時から「桑田巨人」のシナリオ

巨人においてはそもそもいつ、誰が桑田の1位指名を決定したのか。

これについては諸説あるが、もっとも説得力があるのは「桑田がＰＬ学園に入学した1年生の頃から、球団内部では桑田1位指名のシナリオがあった」というものだ。

冒頭のスポーツ紙記者は語る。

「当時、ドラフトにおける巨人の最終決定権は、正力亨オーナーにありましたが、そのオーナーをうまく操縦していたのが沢田幸夫スカウト部長、伊藤菊雄スカウトでした。王監督にも一定の発言権があったとは思いますが、１９８４年の監督就任から2年連続で優勝を逃していたこともあって、その希望は最優先で聞き入れられる状況ではなかった。清原の前年のドラフトで、巨人は慶大の上田和明を1位指名しているのですが、これは同じ慶大出身の正力オーナーの〝ご機嫌取り〟だったと言われています。つまり、翌年のドラフトでは桑田で行きますが、それでいいですね、という趣旨です。確かに清原は欲しい選手だったが、チーム事情からすれば原や中畑がいるところに右の内野手を取っても守らせる場所がない。江川や西本の勢いに陰りが見えていた時期、確実に将来のエースとして勝ち星が期待できる桑田を獲得したほうがいいという判断は、確かに冷静なものだったと思います」

とはいえ、はじめから巨人の清原1位指名がなかったというわけではなく、もし他球団がすべて桑田獲得を見送るのであれば、巨人は清原を1位指名したはずだった。

つまり「どうしても獲得したい」桑田はどういう形でも獲れるように話をつけておき、重複指名が避けられない清原は「できれば獲得したい」という存在だった。巨人にとっては、何より西武の動きが誤算だったというわけである。

ドラフト後、清原は巨人を憎み、自分に色紙まで書いてくれた王監督を恨んだ。結果的に清原は西武に入団するのだが、その西武が情報をリークしなければ、もしかしたら清原の野球人生は大きく変わっていたかもしれないのだから、運命とは皮肉である。

引退する清原に王監督がかけた言葉

ドラフトから11年後の1996年、清原はFA宣言によって巨人に入り、子どものころからの夢を実現させた。

あの日の「真実」を知りたい気持ちもある。しかし、面と向かって聞くことはできない。薄々、どういう事情だったかをわかってはいても「なぜ、桑田は本当のことを自分に言ってくれなかったのか」という思いを消すことはできない。

桑田も、たとえ真実を話したい気持ちがあったとしても、あのドラフトの真実は墓場に持っていくしかないのだろう。チームメートの清原が「巨人指名」を確信して大騒ぎしているとき、自分の希望というより、大人の事情で決まってしまった「巨人入り」のシナリオを、もし正直に打ち明けたらどういうことになるか。

それはそれで、ドラフト前からKKの絆は引き裂かれていたことだろう。巨人が同時に2人を1位指名することは不可能なのだから。

清原は2008年、オリックスを引退。引退試合となった10月1日のソフトバンク戦。試合後のセレモニーで、清原に花束を贈呈したソフトバンク・王監督はこう言葉をかけたという。

「来世、生まれ変わったら、同じチームで野球をやろう。ホームランの数を競い合おう！」

清原はこの言葉で、あのドラフトに関する長年のわだかまりは完全になくなった、と語っていた。

偶然と必然が組み合わさり、２人の力ではどうしようもないところで生じた「ドラフト」の悲劇。太陽のような眩《まばゆ》い光で甲子園を照らした２人の間には、その後、濃く暗い影が長く横たわることになった。

巨人軍・長嶋監督解任劇

『週刊新潮』スクープと「長嶋宅電話盗聴疑惑」の真相

さかのぼること42年余り前の1980（昭和55）年10月21日、長嶋茂雄（当時は長島、以下「長嶋」で統一）は巨人軍監督を解任された。

就任6年目のこの年、長嶋はシーズン最終戦にローテ外の江川を投入する執念で勝ち、「オーナー（＝正力）条件」である3位Aクラスを確保した。3年連続のV逸により秋口から「進退問題」が噴出していたものの、この勝利により長嶋は「続投」を手中にしたかに見えた。

しかし、翌日のスポニチが長嶋解任をスクープ。そのとおり、同日午後5時、記者会見が開かれ、長嶋の「辞任」と元投手コーチ・藤田元司の監督就任が発表される。

「ミスタープロ野球」の予想外の辞任劇に、日本中が驚き、怒り、悲しんだが、その2日後に発売された『週刊新潮』の「巨人長嶋クビの大脚本」と題する特集記事は、スポニチのスクープに輪をかけた衝撃だった。

そこにはなんと、長嶋が解任前夜、親しい報知新聞記者や後見人の会社社長らと「延命策」などについて会話した電話のやりとりと思われる内容が、そのまま掲載されていたからである。

〈…うん、問題はアレでね、ぼくの退団が決定した場合、王との問題はどうしましょうか。ぼくがやれば王もやるし、ぼくがユニフォームを脱げば王も脱ぎます。ぼくと王との約束で、その件は何事もね…うん…でも、王はいいけどぼくは未練があるんですよ。せっかく若手が育ってきたのに、何のために今までやってきたのか。今日だって、意地でも三位だけにはなってやると思ってやったんですよ。せっかく念願がかなってよかったと思っていたのに…〉

〈あすの一時からの役員会は、読売興行の役員会で、そこで、長嶋を常務取締役にするのだそうですよ。ぼくは蹴っとばしてるんです。何のためにするのか…ぼくはヒラですからね。Ｋさんもカッカしてますよ。こんなことがあってはならないよね。金をかけない乗っ取りですよ。陰謀です！〉
〈長谷川代表が、明日、九時か十時には動き出すはずなんです。これが最後のチャンスだ。役員会が動く前に務台社長に会って、自爆してもいい。身をもって大きなトラブルにならないよう、社長に談判するってきのう広島で会ったときに、いってくれていたんだけど…〉（『週刊新潮』１９８０年10月30日号「巨人長嶋クビの大脚本」）

グラウンド上で天衣無縫に振る舞うスーパースター「長嶋茂雄」とは、実は演技なのではないかと思わせるような、苦悩、未練、怨嗟《えんさ》の言葉が次々と出てくる。

それにしても、長嶋本人の真後ろで聞いていたかのような描写だ。極秘のはずの会話が、なぜ表沙汰になってしまったのか。

その疑問を引き取るべく、こんな噂が流れ出した。

「どうも長嶋宅の電話に盗聴器がしかけられていたらしい。その録音テープが『新潮』に持ち込まれたようだ。その目的は、長嶋のイメージダウン――」

『週刊文春』が指摘した盗聴説

長嶋宅盗聴疑惑。これは球史に残る長嶋解任劇の中でも「最大の謎」とされている。

幾人かの作家はこの「盗聴疑惑」を検証している。たとえば、推理作家の小林久三氏（故人）は『週刊新潮』のライバル誌『週刊文春』でこう書いている。

〈長嶋のこの言葉には、今度の長嶋解任と王の引退劇の真相が、すべて含まれているといえるが、その逐語的な解説は、後にふれるとして、これは、長嶋が都内江東区に住む某スポーツ紙の長嶋番のK記者に、電話で話した言葉であるという。

K記者は、長嶋との電話の内容を『週刊新潮』には漏らしていない。巨人と微妙な関係にある社の立場、デスクという職責上から、週刊誌に漏洩することはできない。他方、長嶋も迂闊にしゃべり得る立場には無かった。

本来なら、外部に洩れる気遣いのない電話の会話が、なぜ紙上録音されていたのか。

この記事が出たあと、読売内部では調査を行ったという。漏洩ルートを探ったのだが、調査の結果、長嶋とK記者はシロ、電話が盗聴されていた可能性が高いという結論を出した。といって、長嶋邸の電話から盗聴器が発見されたわけではないが。（中略）K記者の話によると、長嶋との電話による会話の内容は、きわめて巧妙に改変され、後見人のK氏との会話と混合され、巧みにないまぜにされた個所があるという。だとすれば、これはニュースソースを秘匿するための一種の作為だといえるが、いずれにせよ、長嶋とK記者の電話の内容が正確に捕捉されていたことは、今回の長嶋解任と王引退劇の底流に、さまざまな思惑、駆け引き、謀略が渦巻いていたことを物語る具体的な例証だと言えるだろう〉（『週刊文春』１９８０年11月20日号）

ここで小林氏は「盗聴行為」の存在を断定的に書いているが、そうとしか考えようがないのもまた事実であった。

あるスポーツ紙編集幹部が振り返る。

「このとき、誰もが思ったのは、長嶋の情報の出入りを監視したく考える人物がいたとすれば、それは読売上層部しかいなかったのではないか、ということでした。国民的スターですら盗聴されるとは、まさか、しかし、という思いでしたね」

あの夜、いったい何が起きていたのか。

「ええ、あの日のことは、いまでも鮮明に覚えていますよ」

そう語るのは、当時のいきさつを知る立場にあった元『週刊新潮』関係者X氏である。

「あのときのことについて、正面から聞かれたのは初めてかもしれません。もう、時効だと思いますから、お話ししてもいいでしょう。もっとも、こうして話せるのは、あれは天地神明に誓って、盗聴ではなかったからです。もちろん盗聴テープなど100%ない。もし、その噂を信じている人がいたとすれば、このさい明らかにしておいたほうがよいだろうと思いますのでね」

既定路線だった「長嶋解任」

X氏の告白の前に、当時の状況を整理してみる。

一般的に語られている、長嶋第一次政権「解任劇」の大まかなシナリオは、およそ次のようなものだ。

長嶋解任を強く働きかけたのは、川上哲治氏と務台光雄読売新聞社社長（当時）だった。とかく長嶋野球を疎んじていた川上と、読売新聞の販売政策上の問題、資本の論理を優先させた務台の決断が「長嶋解任」の原動力だったと、多くの関係者が証言している。

前々年（1978年）の江川「空白の一日」事件、そしてシーズン前の青田コーチ「黒い交際疑惑」と相次ぐ不祥事に危機感を強めていた川上と、財界後援会「無名会」の瀬川美能留会長（野村證券相談役、当時）は、長嶋巨人の前半戦のふがいない戦いぶりを見るにつれ「長嶋更迭」を強く意識するようになる。

3期連続のV逸が確定的になった7月、週刊誌上の座談会に登場した川上は、川上一派のジャイアンツOBを前に「藤田監督というのはありうる」と発言。波紋が広がった。その後、この発言は「川上黒幕説」の根拠として定着することになる。

一方、読売新聞社の最高権力者であり「販売の神様」と呼ばれた務台光雄社長も、販売店サイドからの突き上げに苦慮していた。8月に入り、巻き返しを見せていたジャイアンツではあったが、「長嶋包囲網」は後退しなかった。

読売サイドが「長嶋解任」を最終決定したのは10月10日、読売本社内での役員昼食会であったとされる。

10月14日、務台、正力オーナー、長嶋の三者会談が開かれ、そこで正力オーナーが「読売興行の常務にならんか」と長嶋に打診した。つまり、クビ宣告だ。

長嶋が解任路線撤回を強く訴えると、長嶋信者の正力オーナーは「3位Aクラスならあるいは……」と玉虫色の回答をしてしまう。しかし、実際この時点で方針が撤回される余地はなかったのだった。

オーナーの言葉を信じた長嶋は目標をAクラス、開幕権確保に切り替え、ラストスパートをかける。そして10月20日、何とか広島での最終戦に勝利し、目標を果たす。ここから、長嶋の最も長い夜が始まるのである。

長嶋を羽田空港で出迎えた報知新聞記者

「そもそも、『週刊新潮』編集部では、周辺が騒がしい長嶋ネタでなにか入れよう、という程度の動きしかなかったのです。まさか長嶋が解任されるなどとは全く想像していなかったわけですから」

と前出のX氏が振り返る。

広島でのデーゲーム最終戦に勝ち、「続投」を確信。笑顔で羽田空港に戻ってきた長嶋監督を、1人の大柄な男が待ち構えていた。報知新聞の古藤了三記者である。

「長嶋さんとの親近度をアピールするメディア関係者は多いのですが、古藤氏は、本当に長嶋さんが信頼する記者です。色紙を持ったファンが長嶋さんの近くに集まってくると、無言で後ろからスッとペンを差し出すような、まさにミスターの影武者ともいえる人物です」（スポーツ紙古参記者）

そこで、長嶋は古藤記者から意外な情報を耳打ちされる。

「いろいろ聞いてみると、どうも、情勢は悪いようだ」

愕然《がくぜん》とする長嶋。

「なぜだ……オーナーの言っていたことは何だったんだ！」

田園調布の自宅に戻った長嶋は、焦燥に駆られながら、古藤記者や後見人的存在だったK社長などに電話をかけ、解任回避に向けた善後策を模索し始める。月曜日、時刻は午後9時を過ぎていた。

そのとき、新宿区・矢来町の『週刊新潮』編集部では、最終校了に向けての作業が始まっていた。

『週刊新潮』は出版社系週刊誌の元祖。文芸出版社の持ち味か、執拗に人間の暗部を照射する、イヤミなタイトルに加え「新潮が歩いたあとはペンペン草も生えない」と怖れられた取材力で、硬派ジャーナリズムの一翼を担う週刊誌である。

長嶋は留任するだろうが、正式発表は早くて明日だ。しかしそこまで待つ時間はない。

X氏の証言。

「こうなったら、何か話すかもしれないから長嶋家に直接電話してみようということになったのです。当時、長嶋家には少なくとも2本の電話があった。そのうち、ごく限られた人間しか知らない、長嶋本人のベッドルームにあるという電話のほうにかけたのです。こっちなら、本人がつい電話を取る可能性が高いと判断したわけです」

『週刊新潮』の編集部内には数台の電話ブースが設置されていたが、若手記者がその左から2番目のブースに入り、関係者から入手した「末尾が03」という長嶋家の「秘密の番号」にダイヤルした。しかし、記者はなかなかブースから出てこない。

「おい、まさか本当に長嶋と話しているんじゃないか?」

編集部が「異変」に気づいたとき、事の重大さがわかってきた。

「どうも電話がおかしい。長嶋が誰かと話している声が聞こえてくるというのです。それも非常にシリアスな内容。これは〝混線〟が起きているとしか考えられなかった。そこから、すべて会話の内容を聞こえるままにメモを取ったのです。録音はしていません。しかし、当時の記者は、そういう訓練ができていましたからね。ほぼ正確な会話内容が取れた。古藤さんという名前が出て、話の相手が報知記者だということもわかった。そう、時間にして1時間以上、かなり長い間、混線状態が続い

ていたのです」（X氏）
それは大変な内容だった。冒頭に記したような内容に加え、長嶋はこんなことも話している。これは別の会社社長との会話。
〈新聞が怖いですよ。報知はともかく、今日もスポニチとかデイリーから電話がかかってきましてね。王のところにも、スポニチあたりが来てました。今ごろ、代表あたりにベターッと付いているんじゃないかな。長嶋、辞意表明ぐらいかな。ぼくはまだ辞意表明してませんからね。今日の動きからいったら、そういう可能性はあるけど…。いっそ、報知あたりにいって、ON同時退団ってやってもらいましょうか。非難が巻き起こるでしょうね。これ、もう最悪よ…〉
〈務台さんと、ごく二、三人と、それだけの秘密で、珍しく固いですね。よっぽど大変なことです。オーナーも、間に入って困ってるでしょう。どういう取引なのか、知りたいねえ…。結局、務台社長でしょ。オーナーの手足をもぎとって、藤田を入れて、国松あたりにユニフォームを着させて、王をフォローさせる構想ですかね。

うちのほうじゃ、国松あたりが入ったら、全員ユニフォームを脱いじゃいますよ〉

ここで長嶋は、「スポニチ」から電話がかかってきていることを社長に明かしている。

X氏が続ける。

「この重大な会話をキャッチし、長嶋解任を確信した編集部は、当時、プロ野球関連記事でいつも解説をお願いしていた有本義明氏（当時スポニチ解説者）に相談をしたと聞いています。つまり、雑誌が発売される木曜日には、どうせ長嶋解任は発表されている。それならば、バックにスポニチを持ち、球界に人脈もある有本氏に、会話の内容をぶつけて、本当に解任でいいかどうかの裏取りをしようと、そういうことだったはずです」

最後まで情報収集に走ったスポニチ

当の有本義明氏に聞いた。

「確かにあの日、夜遅い時間に新潮のほうから電話がありましたよ。なんでも、長嶋が危ないという話でしたけどね。私は、もうその線は消えたと思っていたから、解任はないと言ったんです。ところが、よく聞けば、偶然、自宅の電話の会話が聞こえてきたという。びっくりしましてね。しかも古藤という名前まで出てきた。それが本当なら、解任もありえると思い、急いで、まずスポニチの運動部プロ野球キャップのMに電話したんです。オイ、解任かもわからんぞ、とね」

それからすぐに有本氏は、長嶋宅に電話をかける。有本氏は「秘密の電話」番号を知る、数少ない関係者の1人だった。

「とりあえず、電話をかけてみたんだ。そうしたら、本当に新潮の言うように、よく聞こえないが何か混線しているような状態にも聞こえた。こんなことは初めての経験だった。これは本物かも知らんと思って、またスポニチに電話して、巨人番のHにも、やっぱり解任の線はある、と言ったんです。Hは現場で取材してますから、半信半疑の様子でしたが、自分でも電話したんでしょう。すぐに有さんの言うとおりかも知れない、となったんです」

時刻は午後11時をまわり、すでに東北から北関東に配られる早版には「長嶋留任」で印刷が始まっている。

だがスポニチはここから最後の2時間で執念の取材を見せ、ついに最後、大逆転で「長嶋解任」の見出しをブチ込んだ。

「私も新潮と連絡を取り合いながら、藤田（元司・元巨人監督）のところや関係者に片っ端から電話して、情報をスポニチに送りました。結局、解任と一面に打ってしまったわけですが、果たして本当にそうなるのか。正直言って、自信はなかった。酒を飲んでも眠れない。だから翌日、長谷川実雄（球団代表）が『だいたいスポニチのとおり』と言ったと聞いたときには、心底ほっとしましたよ」（有

巨人、長島解任
スポーツニッポン
藤田新監督
6年目の"政変"
王にヘッド・コーチを要請
巨人大混乱の危機
遥かなる走路
アサヒゴルフ
PAR GOLF

『スポニチ』の解任スクープ（1980年10月21日）

本氏）

翌朝、スポニチは瞬く間に店頭から消え去った。

着信の集中で「輻輳」発生か

それにしても、本当に混線ということが起きるのか。

再び、X氏の回想。

「あのとき、『週刊新潮』の編集長だった野平（健一）さんも、この情報の扱いには熟慮されていたようです。というのも、ご指摘のとおり、この会話が果たして混線して聞こえたなどという説明で信じてもらえるかどうか、ということなんです。結局、盗聴疑惑を回避するため、記事では『電話での会話である』と書かないことでカモフラージュしたのですが、やはり盗聴を疑う声が出てしまった。その後、混線によって偶然聞こえてきたということも、誌上で説明したこともあったのですが、読者にはあまり信じてもらえなかったのでしょうかね」

ある探偵業者によれば、アナログ回線の電話盗聴の場合、盗聴器の設置は主に2

パターンあるという。

「一戸建ての場合、戸外にあるヒューズボックスか、室内のローゼット（電話コードを差し込む場所）。また電柱の上にある端子函《たんしかん》という手もなくはないですね」

しかし、長嶋家のある田園調布で電柱に登ったり、あるいは長嶋家の電話の内部に盗聴器を仕掛けるというのは現実的に考えにくく、可能性があるとすれば屋外に出ているヒューズボックスではないか。まだ親子電話もない時代なので、近くで「傍受」される可能性もない。

「もし、盗聴テープが持ち込まれたとするなら、犯人はその夜、仕掛けた盗聴器から録音したテープを即、持ってきてくれたことになります。そうしないと締め切りに間に合いませんからね。しかし、持ち込まれたテープの背景を調べずにすぐ使うことはありえないし、常に番記者が張り付いてる長嶋宅の前で、ヒューズボックスに仕掛けた盗聴器を回収できるでしょうか」（X氏）

では、偶然、混線して会話が聞こえてくるという現象は本当に起こるのだろうか。有本氏もこう言う。

「僕らもそこは不思議で、あのあと、電話局に取材して確かめた記者がいましたよ。本当にそうしたことが起きる可能性があるのか、とね。結局、可能性としてはきわめて少ないが、起こりうる、という回答だったんだ。偶然、あの日にそれが起きたとしか考えようがないんです」

先の探偵業者も言う。

「それは輻輳《ふくそう》といって、昔のアナログの一般電話では、しばしば起こっていたエラーです。チケット販売やテレホンサービス、あるいは一部の人気伝言ダイヤルなどで、客同士が会話してしまうという現象……要は、ひとつの回線に着呼が殺到したとき、そうした混線が起こりうるのです。その長嶋家の電話番号を知っているあらゆる人物が、非常に短い時間に集中して電話をかけていたとしたら、それは不思議な話ではありません」

潔く辞任を宣言した記者会見

1980年10月21日午後5時、東京・大手町の球団事務所に300人以上の報道陣が詰めかけた「辞任」記者会見。席上、長嶋はこう言い切った。

「親会社である読売本社、並びに関係者の皆さまにご迷惑をおかけしたので、責任をとります。私の不成績というのが唯一の理由です」

「10月初旬、代表に口頭で辞意を申し入れ、その後、辞表を手渡してあります」

潔い会見だった。しかし、わずか2日後、その説明がまったく事実と反することを週刊誌にスッパ抜かれてしまうとは、誰が予想できたことだろう。

不本意な形で監督を解任された長嶋は1993（平成5）年、満を持して巨人軍監督に復帰する。そして2度の日本一を経験し、2001年に勇退した。40年前に起きたミステリーの「種明かし」をいま、ミスターに捧げる。

江川卓「空白の一日」
ドラフト史上「最大のスキャンダル」本当の黒幕

1987（昭和62）年の現役引退から雌伏35年。いまも絶大な知名度を持ち、野球理論にも定評のある江川卓だが、なぜか引退後一度もユニフォームに袖を通すことなくここまできた。この間、何度となく「巨人監督・コーチ候補」として名前が浮上したものの、実現しないままに終わっている。

2015（平成27）年10月、巨人・原監督の後任に、当時40歳だった高橋由伸が選出された。

「あれは巨人が首位ヤクルトとペナントレースを激しく繰り広げていた9月26日のことでした」

とスポーツ紙記者が語る。

「ニッカンスポーツが〈原監督V逸なら解任も〉と一面で打ち、さらに〈江川氏は原監督の敷いたレールを引き継ぐにふさわしい人材〉との主張を展開したのです。原さんが日刊の記者とツーカーなのはよく知られていることで、江川推しの記事は、自身の続投要求かつ、もし解任の場合でも後任に川相はNGというメッセージでもあると我々は受け止めました。原さんからすれば、指導者向きの川相は自分を超える名監督になってしまう可能性があるし、原体制を継承しそうもない。かといって、江川支持かというとそれも微妙で読売が本当に江川を監督にする気はないだろうと踏んでの観測気球だったとも言える。もし江川の指導者復帰があるとすればあのときが最後のチャンスだったかなと思いましたが……」

実際の人事は、江川どころか松井秀喜より年下の高橋由伸にまで若返った。これにより、将来江川が巨人監督に就任する可能性は完全に消え去った。

前出の記者が語る。

「江川はこれまでも、監督候補として自分の名前が上がるたびにメディアに囲まれてきましたが、決して本音を語ることはない。そんなとき『ボクには絶対に監督をやらせないって人が（読売に）いると新聞に書いてありましたよ』と報道陣をケムに巻くようなところがありました。でも、本心は一度でいいから監督をやりたかったでしょう。日テレで解説していたほうがギャラがいいなどという説もありますが、巨人の監督なら実質的に億のギャラは入りますし、何より〝あのこと〟にケジメをつける意味でもね」

江川はなぜ巨人の監督になれなかったのか。それを語る上で避けては通れない過去がある。それがあの「空白の一日」事件である。

野球協約の「盲点」を突いた電撃契約

1978年11月21日に起きた、いわゆる「空白の一日」事件は、プロ野球の世界を超越した社会的事件として、ファンに忘れがたいインパクトを残したできごとだった。

作新学院時代から超高校級の剛速球でプロの注目を集めていた江川は、1973年、高校卒業時のドラフトで阪急に指名される。

ちなみに当時のドラフトは変則ウェーバー方式で、順位が先の球団が指名した選手を、後の球団が指名することはできなかった。この年阪急の指名順位は6位、そして巨人は10位である。

江川は阪急の指名を蹴って、事前に表明していたとおり大学に進学。第一希望の慶応大学は入試に失敗し、進学先が法政大学になる誤算はあったものの、六大学野球で通算47勝（史上2位）、443奪三振（当時史上1位）など数々の記録を打ちたて、卒業時のドラフトでは巨人入団希望を表明した。

しかし、このときも指名順位が上で福岡県を本拠地とするクラウンライター（現・西武）が江川を強行指名。江川を指名できなかった巨人は山倉和博を指名した。江川はクラウンへの入団を拒否し、社会人野球にも進まず作新学院職員として米国へ留学する。

そして翌年のドラフト前日の1978年11月22日に「事件」が起きた。

米国から急遽帰国した江川が、巨人との入団契約を締結、発表したのである。

当時の野球協約では、ドラフト会議における交渉権は「翌年のドラフト会議前々日」までとされていた。それを逆手に取った巨人は「ドラフト前日なら自由交渉ができる」と解釈し、江川との契約は有効と主張したのである。

「実はこの年からドラフトのシステムが変わり、複数球団による重複指名が可能となり、その場合は交渉権獲得球団を抽選で決めるという現在と同じ方式になった。このシステムでは巨人が江川を1本釣りできる可能性は低く、どうしても江川を獲るには、こうした裏技を使わなければならない事情があったのです」（前出の記者）

野球協約の盲点を突いた巨人と江川のやり方には当然、世間と球界から激しい非難の声が上がり、鈴木龍二セ・リーグ会長（当時）はいったん契約を無効とする。

しかし巨人側も論理的、法的な不備はないとして反発し、翌日のドラフト会議をボイコット。巨人不在のドラフト会議では南海、近鉄、ロッテ、阪神が江川を1位指名し、抽選の結果、阪神が江川との交渉権を獲得した。

しかし、巨人はもしこの契約が認められないのであれば、リーグを脱退するとして新リーグを結成する構えを見せる。巨人の人気に支えられていた当時のプロ野球界は、重大な局面を迎えることになった。

この膠着状態を打開するウルトラCとして「いったん江川を阪神に入団させた後に巨人へトレードに出す」というコミッショナー案が浮上。最終的にはその線に沿って、江川が巨人に入団するかわり、巨人の小林繁が阪神にトレードされるという決着を見た。これが「空白の一日」事件の大まかな流れである。

「報知の部数激減」の真相

この一連の問題は、読売の横暴として国会でも問題になり、また人気を二分するライバル球団の巨人と阪神が当事者になったこともあって、凄まじい「江川バッシング」が日本中で巻き起こった。

「当時、報知以外のスポーツ新聞は、江川と巨人を叩くことで売れに売れましたよ」

と振り返るのは、当時、読売系のスポーツ紙である報知新聞（現・スポーツ報知）でキャップをつとめていた柏英樹氏である。

「そもそも江川がなぜあのとき巨人にこだわったのか。いろいろ言われてはいますが、経営難に苦しんでいたクラウンライターには入りたくなかったというのがひとつと、あとはやっぱり長嶋さんのもとで野球がやりたかった。それが大きな理由ではなかったかと思います」

江川のみならず、当時はプロを目指す選手の多くが、テレビ中継もあり、ファンも多く、しかもスーパースターの長嶋が監督をつとめる巨人に入団したいと内心思っていたことは間違いない。

後にさまざまな証言から明らかにされたことは「空白の一日」の流れは江川本人の意思というよりも、巨人と江川の周辺で動いていた政治的な力によって生じた、コントロールできない「濁流」とでもいうべきものだった。

しかし当時のプロ野球ファンからすれば、ルールを曲げてまでジャイアンツ入りをゴリ押しするふてぶてしい江川は憎悪の対象でしかなく、実際かなりの巨人ファンが報知や読売新聞の購読を中止し、部数は激減したと言われる。

前出の柏氏が当時の騒動を振り返る。

「僕ら報知のなかでも、巨人がやったことはおかしいと考える人は多かったんですよ。江川個人というよりも、球団の批判されるべき点はしっかり書くべきだという人も多かった。ただあのとき、僕は読売の御前会議に呼ばれてね。『書くなとまでは言わない。ただ、論評を加えないで、江川が何をしたのかという事実だけを伝えてほしい』と言われたことを覚えていますね」

やはり報知新聞の部数は落ちたのか。

「ええ、落ちました。ただ江川が入団した後は持ち直しましたよ。部数のことで言えば『空白の一日』よりもその後の長嶋監督解任（１９８０年）のときのほうが影響は大きかった。その後、原辰徳が入団して、江川が完投し、原が打って勝つ試合が何度もあった。しかしその場合でも『原打った』よりも『江川勝つ』のほうが、新聞は売れました。確かにアンチは多かったけれども、やっぱり実力があって、みんなが気になる。それが江川という選手でしたね」

もっとも、江川に定着したダーティなイメージはそう簡単に払拭できるものではなかった。

「阪神戦で甲子園入りしたときに、江川と喫茶店で話していたら、彼が『今日は

（巨人の宿舎である）竹園旅館に何人ぐらい記者の方がいますか』と聞くんだよね。合わせて15人くらいかな、と言うと江川は20個もケーキを買い込んで『皆さんに差し入れです』と言うわけです。それで各社の連中に江川からケーキの差し入れだと言って渡したら、翌日のスポーツ紙の見出しが〈江川　記者にゴマすり〉だしね。何をしても悪く書かれるので可哀想なところがありました」（柏氏）

スポーツメディアだけではなく、読売の内部にも「空白の一日」事件によって江川に不信感を募らせた人物がいた。

それは当時の読売新聞社長であった務台光雄（故人）であり、事件の事後処理を一手に引き受けたとされる「ナベツネ」こと渡邉恒雄（現・読売新聞グループ本社代表取締役主筆）である。

「空白の一日」における野球協約の盲点発見者には諸説あるが、超法規的な契約を実際に主導したのは江川の父と、作新学院理事長で江川の後見人だった衆院議員の船田中自民党副総裁、そして巨人軍の正力亨オーナーだった。

船田は江川を何とか巨人に入れる方法を模索していた。当時船田の秘書をつとめ、後に衆院議員となる蓮実進が野球協約を精読して盲点を発見。事前に当時の真田秀夫内閣法制局長官に「もし決行した場合」のリスクについて確認し「問題はないし、もし問題にされたら人権問題として裁判に訴えれば勝てる」とのお墨付きまでもらっていた。だが、こうした計画の詳細について、務台社長は知らされていなかったと言われる。

江川事件で世間から激しい非難を浴びた務台は、江川と正力亨オーナー、そして当時監督だった長嶋茂雄にまで不信感を募らせ、さらに読売新聞の実売部数が激減すると、その不信は怒りへと変わっていくのである。

事件となった西本の「沢村賞受賞」

小林繁とトレードの形を取ることによってなんとか巨人入りを果たした江川だったが、その悪役イメージを消し去ることはなかなかできなかった。

トレードに出された小林が、巨人戦8連勝を飾るなど意地を見せたことが大きく取り上げられ、それは江川への批判とセットで報じられた。

入団1年目、1979年の江川は9勝10敗にとどまり、一方の小林は22勝9敗と活躍。沢村賞も受賞した。

ファンやマスコミに叩かれるのには耐えられた江川も、巨人の一部チームメイトから白い眼で見られたことは、大きな苦悩の原因となった。救いとなったのは、当時の監督だった長嶋茂雄が江川をかばったことだった。

当時、夕刊紙『内外タイムス』のカメラマンとして巨人を担当していた山内猛氏が語る。

「確かに江川が巨人入りした直後は、球場でもお客さんから野次が飛ぶなど悪役イメージが強かった。しかし、2年目（1980年）に16勝をあげ、怪物ぶりを見せつけられると、やっぱり江川は凄いという声に変わっていったように思います。やっぱりプロの世界は実力ですから、成績が上がれば雑音も消えていくものですよ」

1980年に長嶋監督が解任され、藤田元司が新監督に就任。また大物ルーキーの原辰徳（東海大）が巨人入りし、現役引退した王貞治は助監督となる巨人の新体制が固まった。

1981年のシーズンは江川、西本、定岡ら投手陣が安定。またルーキーの原をはじめ、松本匡史や中畑、篠塚ら長嶋が育てたと言われる若手が大活躍。見事リーグ優勝を飾り、原は新人王を獲得した。

「この年の日本シリーズはよく覚えています」

と山内氏が語る。

「巨人は、同じ後楽園球場を本拠地に持つ日本ハムと日本シリーズを戦いましたが、第6戦で江川が完投勝利し、4勝2敗で日本一を決めました。このとき江川は最後の打者をピッチャーフライに打ち取り、自ら捕球して胴上げ投手になった。私はその姿を1塁側のスタンドから撮影していましたが、その表情には巨人に入団して3年目、20勝して日本一に貢献し、やっとチームメイトにはっきり認められたという喜びが感じられました」

この年、江川の20勝（6敗）は自身のプロ生活を通じベストの記録だった。最多勝、最優秀防御率、最多奪三振、最高勝率のタイトルも獲得している。

しかし、ここでひとつの「事件」が起きる。セ・リーグの投手を対象に選出されていた名誉ある「沢村賞」（現在はパ・リーグの投手も対象）に選出されたのは、20勝の江川ではなく18勝（12敗）に終わっていたチームメイト西本聖《たかし》だった。

山内氏が語る。

「成績だけ見れば、江川が沢村賞を逃す理由はどこにもなかった。結局、まだマスコミ上層部の間で江川に対するダーティなイメージが消えていなかったのでしょう。当時、沢村賞の選考は東京運動記者クラブ部長会に委嘱されており、各社の運動部長による投票で選出されていた。現場の記者の間では、すでに江川に対する憤りはほとんどなくなっていたのですが、運動部長クラスになると、まだ『空白の一日』のことを問題視している人が多かった。江川とすれば少なからずショックだったかもわかりません」

江川は翌年にも19勝し、その「怪物」ぶりを改めて証明して見せた。しかし、沢村賞は20勝した北別府学（広島）が受賞。結局、江川は沢村賞を獲得することなく1987年のシーズンを最後に現役引退している。

ネックとなった現場の「江川評」

同じ人物が長きにわたって独裁的な権力を持ち続ける傾向のある読売グループにおいて、江川には引退後もなかなか「現場復帰」のチャンスが回ってくることがなかった。

あの桑田真澄もそうであったように、こと巨人の場合、グラウンド外でひと悶着あった選手が、指導者としてなかなか復帰できない実例はかなり多い。

1980年のシーズンを最後に長嶋監督が解任された後、12年間にわたって浪人生活を送ったのも、もともと川上野球の信奉者だった務台が1991年に死去するまで「長嶋復帰」を頑として認めなかったことが影響している。

務台社長のもとで事件の後始末を担当した渡邉恒雄もまた、江川騒動による「実損害」を目の当たりにした1人だった。

務台亡き後、読売新聞社社長に就任し、独裁的な実力者として読売グループを率いる渡邉は、当然、ジャイアンツの監督人事にも最終決定権を持つ。

冒頭の記者が語る。

「ナベツネさんが江川に良い印象を持っていないのは事実だが、その人気や知名度についていては認めている。また盟友だった氏家《うじいえ》（齊一郎《せいいちろう》元日本テレビ会長＝故人）さんの頼みとして『江川を何とか巨人の指導者に』という言葉も忘れてはいなかったはず。しかし渡邉さんは第一次原政権が終わった2003年のオフに江川に対し復帰の可能性を打診したものの、条件面で折り合わなかったと言われる。すぐにカネの話を持ち出した江川に対し、ナベツネさんの中であの空白の一日の悪しきイメージが蘇ってしまい、復帰の話が消えたと言われています」

江川のホームグラウンドである日本テレビはたびたび、あの「空白の1日」の真実を伝える番組を江川にとってプラスになるような形で放送するなど、過去のダーティイメージを打ち消す援護射撃を担ってきた。

しかし、巨人監督の人事権は日テレではなく渡邉にある。江川が本当に野球を愛し、どんな条件でもいいから再びユニフォームを着たいという姿勢を見せなかったことも、ここまで江川の現場復帰が実現しなかった要因だろう。

通常、プロ野球の監督をやるにしても、現役引退から相当のブランクがあれば、まずはコーチで実績を積んでから上を目指すというのがセオリーだ。

しかし江川の場合「監督でなければ」という姿勢を崩さず、また民放キー局で解説者の仕事をしながら現場にはほとんど顔を出さないスタイルで知られていた。

「当然、現役選手たちの評判は良くない。たとえばその日にベンチ入りしている投手でも、実際には投げられる状態じゃないという場合が実際にはよくある。現場で取材していれば、それはすぐにわかるのですが、江川の場合グラウンドにおりてこないので、テレビでトンチンカンなことを言っていることがよくある。視聴者にはもっともらしく聞こえても、現場では『何を言ってるんだ』という解説がけっこう目立つんです。これも指導者としてのマイナス評価につながっている」（前出の記者）

自分の満足いく形でしか監督をやりたくないという江川に対し、その人気と話題性を利用したいのはヤマヤマだが、その不遜な態度が気に食わず、ここまで踏ん切りがつかなかった渡邉。

そんな両者の微妙な関係を突き破ったのが、2011年11月に起きた「清武《きよたけ》の乱」だった。

運命に翻弄された「怪物」の人生

当時、巨人軍の球団代表兼GMをつとめていた清武英利が突然、記者会見を開いて球団会長の渡邉を糾弾。

内定していた岡崎ヘッドの人事を白紙に戻し、江川をヘッドコーチとして入閣させる案を一方的に伝えられ、渡邉が次のように発言したと明かしたのである。

「江川なら集客できる。彼は悪名高いが、悪名は無名に勝る。彼をヘッドコーチにすれば、江川もファンも次は監督だと思うだろう。だが、監督にはしないんだ」

だが、皮肉にもこの暴露によって「江川入閣」はまたも幻となった。

渡邉が本当に江川ヘッド招聘《しょうへい》を決断していたかどうかについては、渡邉本人が「原監督の思いつきの段階で江川には就任要請もしていない」と語っており、本当のところは不明である。

しかし、江川招聘案が内部で浮上検討されたことは渡邉も認めており、改めて渡邉が「江川人気」を一定程度評価していたことが明らかになった。

読売新聞のライバルである朝日新聞記者は語る。

「清武の乱のあと、新聞業界では逆にナベツネは江川を監督にするのではないかと言われていた。理由は2つあって、ひとつはまさにその清武の発言がデタラメであったことを証明するため。清武が暴露した『江川は監督にしない』といった発言内容と真逆をいけば、清武の立場をなくすことができる。そしてもうひとつは読売新聞の深刻な部数減。読売は2014年から雪崩を打って部数が減っており、2011年までキープしていた1000万部がいまや800万部台まで落ちている。一時はウチ（朝日）の慰安婦報道を大批判するキャンペーンを繰り広げていましたが、部数の落ち込みはウチ以上で、どんな手を使っても部数減に歯止めをかけたい。そこで江川待望論が出てくるわけです」

江川や松井が巨人監督になったとして、どれだけ読売新聞の部数に好影響があるかは未知数だが、読売グループのビジネスモデルから言えば「巨人は読売新聞のためにある」というのは構造的な真理である。

その意味では、過去に多少問題があろうとも、それ以上のリターンが見込めるならば「江川監督」は十分に可能性のある話だったが、それが確定するにはいつもあと一歩、何かが足りなかった。

たった9年間の現役生活だった江川。だが、あの1984年の球宴における8連続奪三振をはじめ、全盛期の「怪物伝説」はいまも鮮やかなシーンとともにファンの記憶に残っている。願わくば、指導者としての「背番号30」を見たかった。そう思うファンは決して少なくないだろう。

江川は引退後に上梓した共著『たかが江川されど江川』（新潮社）のなかで、もし大学卒業時のドラフトでクラウンライターではなく、在京のセ・リーグ球団に指名されていたら、すんなり入団していたと述懐している。

自分の希望通りにいかないドラフトを拒んだ結果、江川は巨人に入団できた。しかし、巨人に入団したことで、指導者としての人生は実現できなかった。

あの「空白の一日」事件から43年余——日本中を揺るがせたあの事件にも、ようやく決算の時期が訪れたようである。

猪木VSアリ戦

決戦前、アリが猪木に送っていたむ肉声メッセージの内容

プロレスラー・アントニオ猪木のハイライトシーンと言えば、何といっても現役のボクシング世界ヘビー級王者だったモハメド・アリとの一戦（1976〈昭和51〉年6月26日、日本武道館）であろう。

この伝説的な一戦において、両者は3分15ラウンドを戦い抜き、判定の結果ドローとなった。だが、猪木がアリのパンチを避けるために終始、リング上に寝て戦ったことは観客の不評を買い、「世紀の凡戦」と酷評されたことも事実である。

後年、猪木－アリ戦に関してさまざまな角度から加えられた検証の主眼は、この一戦がリアル（真剣勝負）なのか、それともそうではなかったのかという点だった。

現在、多くのプロレスファン、格闘技ファンに信じられている定説はこうだ。

アリは、当初猪木との一戦を「エキシビション」と理解していた。

だが、来日後になって、猪木側がエキシビションでの試合を明確に拒否。「そんな試合のために600万ドルという大金を積めるわけがない」というのが猪木側の主張だった。これに対し、アリ側はある段階でリアルファイトになることを覚悟し、間違っても負けないように、直前の段階で試合ルールの変更を要求。いまさら試合中止にはできない猪木側は最終的にそのルール変更を受け入れ、あの一戦が始まった——ざっと言えばこんな流れである。

ここに紹介するのは、アリ側が当初、猪木との一戦をどのように理解していたかを示す一本の「カセットテープ」の内容である。

テープを保管していた新間寿氏

このテープを保管していたのは、当時新日本プロレスの営業本部長として、アリ側との交渉を一手に引き受けていた新間寿《しんまひさし》である。年配のプロレスファンには、全盛期の猪木の参謀としてよく知られている人物だ。

このテープは猪木との一戦が決定後、アリが米国のメディア関係者の「質問」に答えたもので、来日前に新日本プロレスへ「アリからのメッセージ」として非公式に送られたものである。

ここでアリは、はっきりと自分の言葉で「エキシビションをやる」「それを観客にも知らせなければならない」「もしリアルでやるならそれもよいが、その場合は猪木には数々の縛りが課せられることになるだろう」という趣旨の発言をしている。

このテープの存在はこれまで断片的にメディアに紹介されてきたが、起こした英文がやや不正確であったり、アリ自身が言葉の言い間違いをしている、あるいはテープに不鮮明な箇所が多いことなどから、内容にかなりのばらつきがあった。

編集部は専門家の協力のもと、いまいちどテープに収録されたアリの言葉を聞き取り、できるだけ音源に忠実に邦語訳を試みた。

ここから先がその日本語訳である。なお、インタビュアーは、アリと米国国内で電話による会話をしているものと思われる。

【アリのテープ　完全版】

（もしもし……もしもし……どうですか……）

聞き手　どうも。
アリ　ああ、つながったな。
聞き手　なにも問題ありませんか。
アリ　ああ。
聞き手　わかりました。明日はいっしょに東京へ行くことになっていて……そこでシミズ……いや、猪木とマネージャーに会いますよね。
アリ　そうだ。
聞き手　それで……もしよければ……われわれに指示してもらいたいんです……どんなかたち（での試合）を望んでいるかを、われわれに教えてください。
アリ　わかった……聞こえているか？
聞き手　はい、聞こえます。

アリ　ミスター猪木、彼のマネージャーと関係者全員に伝えてもらいたいことは……俺が約束しているのは……もうひとつエキシビション・マッチをするってことだ。

そして俺は、観客にもエキシビションであることを知っておいてもらいたい。俺は真剣に猪木を痛めつけたりしないこと、猪木も俺を真剣に痛めつけないことを、観客に知らせてほしい。

猪木も俺も、この試合の話に合意する前から、公の場に出なくてはならなかった……猪木はテレビに出なきゃならず……俺もテレビに出て……いろいろな記者会見でデモンストレーションをやるということと……ボクサーとレスラーが真剣にやり合うとしたら、どんな試合になるかという話が公《おおやけ》になった。

そして……猪木とマネージャーたちはリアルなマッチを望んでいるらしいが……俺は、全力で彼を殴らないことを観客に知らせておきたい……猪木も全力でこっちの腕をネジあげたり、ほかの技でそういうことはしないと……われわれは意図的な……はしないと。そのことはみんなにも知らせておく必要がある、そうじゃないか？

最初の顔合わせで、猪木とあたることになっていて、リハーサルでは、結果は……猪木が勝つということで……レフェリーは俺に早々と退場を命じるという結末になっている。

しかし、イスラム教のムスリムで、全世界の人たちに信頼されて尊敬を得ている人間として……最初になにかに巻き込まれること、つまり公然とイカサマをやったり、腐った試合にかかわったりすることはできない。本当らしくみせて、そうでない試合にはかかわりたくない。

アメリカには、ボクシングやレスリングのアンダーワールドをよく知っている連中がごまんといる。全力で殴っていないのに猪木が傷つけられたふりをしたり……俺がわざとらしく、腕をねじり上げられたふりをしたりすれば……本気でないとすぐにわかる……そういうことには、かかわるわけにはいかない……だから……これは打ち合わせなしの試合にしなくちゃならない……打ち合わせなしの、リアルでやるものでなくちゃならない。

リアルというのは、ボクサーじゃない猪木は打たれるような賭けに出ず、床に寝転がり、レスラーじゃない俺も、レスリングの蹴りをくらったりしない……そして、ボクサーでない猪木は俺を倒せなかったことを恥じる必要はないし、レスラーじゃない俺も猪木に勝てなかったことを恥じる必要はない、ちっとも。

だから、これから行われることになっているこの試合は……エキシビションだと観客に知っておいてもらわなくちゃならない……本当に危害を加えあったりしないということを……最初に考えられた企画のとおりに。

俺、モハメド……それに俺とMichalidus（注：アリ側の関係者と思われる）のために働いている、マネージャーで仲間の……われわれは、かかわることはしないと伝えてもらいたい……偉大なマスターたちが本気でやり合う、真剣に相手を倒そうとすると触れ回るような……究極の娯楽に使われる犠牲になるのは、そういう質問に対しては、しっかりと答えられるようにしておかなくてはならない。

……俺は本気で猪木を殴るなどと口にしたくない。そうするつもりがないのに、真剣に俺をやっつけると猪木が言ったりするのも、聞きたくない。実際に試合をして、俺は金目当てにローブを奪い取ったなどと陰口をたたかれる……そんなことになれば、面目が丸つぶれになる。

……そういうことをひっくるめて言えば、俺が言いたいのは、あなたたちは望んでいるとおりにやってもらってかまわないということだ。

しかし、エキシビションをする、リハーサルをする場合には、観客にエキシビションだと承知しておいてもらいたい。

そして、リアルでやると言うのなら、俺たちはリアルでやる。

猪木がベストを尽くして、俺をホールドすることができるかもしれない。俺も猪木をノックアウトするかもしれないし、そうはいかないかもしれない……だがリアルでやるとすれば、もう少し、しっかりしたパンチを繰り出すことになる。

そしてリアルでやる場合には、向こうに伝えてもらいたい。その場合は、床に寝転がるとか、やっていいこと、いけないことについての規則が課せられるということを。

エキシビションであっても、リハーサルであっても、それを伝えておいてもらいたい。

聞き手　どうもありがとうございました。

世紀の一戦を実現させたアリの「プロレス愛」

これがアリの肉声テープの全文である。

アリははっきりと「エキシビションで」というメッセージを送っているが、猪木側には毛頭そのつもりはなかった。

実際の試合は、いわゆる〝猪木アリ状態〟という膠着が続いたが、猪木もアリも、相手を本気で痛めつけない見せかけの攻撃を続けたわけではなく、その意味では完全に「リアル」だったことは疑う余地がない。

この試合の後、アリのマネージャーをつとめたプロレスラーのフレッド・ブラッシーやチーフ・トレーナーのアンジェロ・ダンディは、「試合がリアルファイトになったのは当初の予定と違った」という趣旨の回想を残しているが、もっとも直接的でわかりやすいのは、日本側の通訳をつとめたケン田島の次のような証言だろう。

〈来日したアリ・サイドの人間が突然、こんなことを言い出したのです。「いつ、リハーサルをするんだ?」と。それで初めて、我々はアリがエキシビションマッチのつもりで来ていることを知ったのです。

新日本プロレスの人間が「とんでもない話だ。猪木とは真剣勝負だ」と突っぱねたら、アリ・サイドは「えっ?」と絶句してね。本当にビックリした顔だった。それでアリ・サイドは「大変だ」となり、ルールで猪木さんを縛ることになったのです〉(祝康成『真相はこれだ!「昭和」8大事件を撃つ』新潮文庫)

来日前まで、リアルファイトなのかエキシビションなのかが詰めきれていなかったというエピソードは、まさに「時代」を感じさせるものだが、逆に考えれば、現実問題としてアリ側が引き返すことができないところまで重要な決め事が決まっていなかったことで、この「世紀の一戦」は本当に実現したと見ることもできる。

猪木－アリ戦は、猪木側が最後まで真剣勝負にこだわったからこそ「世紀の凡戦」となったが、あそこで折れて単なる「エキシビション」で終わらせていたら、後年まで語るべき試合になっていたとは思えず、後になって再評価されることもなかったであろう。

アリ側は、あくまで猪木が真剣勝負にこだわるのであれば、最終的に試合をキャンセルするという選択肢もあった。しかし、アリはリングに立った。その理由について、レフェリーをつとめたジーン・ラベールはこのような見解を述べている。

〈(あのビッグマッチをアリが受けた理由について) その根底には、アリの〝プロレス好き〟があったからなんだと、私は見ているんだ。勿論、やるからには条件面をクリアしなければいけない。特に猪木側にね。でもアリが、本人が〝プロレス大好き人間〟だったから、猪木陣営はそれに救われたんだと思うよ〉(『20年目の検証 猪木・アリ戦の真実』日本スポーツ出版社)

第四章　昭和スターの事件簿

山口百恵

〝育ての親〟が語ったデビュー秘話と電撃引退

1980（昭和55）年の芸能界引退から42年。いまなお、「昭和最高のアイドル」としてその名が挙がる山口百恵。

国内で発行される主要な雑誌を所蔵する「大宅壮一文庫」（東京・世田谷区）は、約400誌から作成したキーワード別の「索引ランキング」を発表しているが、同文庫創設から現在にいたるまでの「総合ランキング」において、山口（三浦）百恵は総合7位にランク入りしている。

わずか8年の芸能生活に区切りをつけた後、一切表舞台に立っていない人物が、この順位をキープし続けるのは異例の現象であり、改めて山口百恵という存在が、時代を超越した「伝説」となっているかを認識させられる。

当初は地味な存在だった山口百恵の内面に類稀なる「スター性」を見出し、百恵を世に送り出したことで知られる音楽プロデューサー・酒井政利氏（2021年に逝去）に、山口百恵と彼女が生きた時代について聞いた（2018年に取材）。

「三浦百恵」が管理する「山口百恵」の神話

1980年に引退した山口百恵さんは、待望論もあるなかで、表舞台に復帰することなく沈黙を守っています。

これは三浦百恵さんが、「山口百恵」という歌手、女優、アーティストを見事に管理しているのだと思います。

それは大変難しいことであって、往々にしてタレントは自分のイメージを壊してしまう。しかし、百恵さんの場合は、努力して完璧に過去の自分を管理している。そこに彼女の「凄み」があるのです。

山口百恵の価値を守ること——それは、かつてお世話になったスタッフたちへの彼女なりの恩返しでもあると、私は感じますね。

ステージに上がる人間は、しばしば魔力に取り付かれる。「表現力」という名の奥に潜む魔力ですね。

彼女もまたそうでした。時期としては引退する2年ほど前でしたか、山口百恵の心の中に葛藤があったように思います。

アイドルからスター歌手、さらにそのゾーンを抜けてアーティストになりつつあった。表現への欲求が、はっきりと見て取れました。

私は心配でした。しかし彼女は、その気持ちを何とか払拭して、結婚という決断に向かっていったのです。

彼女は引退した後も、その「魔力」と闘っていたようでした。何か具体的なことを言ったわけではないのですが、会うと、それを感じる瞬間があったんですね。

ただ、そういう心の葛藤から生まれるエネルギーを、夫（三浦友和）の俳優業を支えたり、息子さんを育てるという方向に振り向けていったのだと思います。

山口百恵が、70年代に全盛を誇ったオーディション番組『スター誕生!』（日本テレビ、通称「スタ誕」）出身であることはよく知られている。

1972年、同番組で牧葉ユミの「回転木馬」を歌った山口百恵は見事、準優勝に輝く。翌年に14歳で芸能界デビューを果たし、森昌子、桜田淳子とともに「花の中三トリオ」と呼ばれた。ちなみに森昌子、桜田淳子はともに「スタ誕」優勝者である。

当時、CBS・ソニーのプロデューサーだった酒井氏と山口百恵の「出会い」もまた、この番組がきっかけだった。

「スター誕生」応募写真の存在感

「スター誕生！」という番組のプロデューサーは日本テレビの池田文雄さん（故人）でした。

池田さんのことはよく存じ上げていましたが、私自身はこの番組自体にあまり協力していなかったんです。

というのも、私はオーディション番組というものにそれほど興味がなくて、むしろそういう番組に反発するような、アンチテーゼを示すようなタイプが好きだったんです。

ただ私のそういう性格を池田さんも見抜いていたんですね。ある日電話がかかってきましてね。こんなことを言われました。

「酒井さん、ちょっと会って欲しい子がいるんだけどね……」

「どういうことですか？」

「いや、札が挙がらないと思うんだ」

札というのは、「スタ誕」で上位入賞者に対し、芸能事務所がプラカードを挙げて獲得の意思を示すときの話です。

でも地味な女の子だから、札が挙がりそうもない。だからちょっと会ってもらって、できれば札を挙げて欲しいと。そういうお願いだったわけです。

私はまず池田さんに、番組の応募書類を見せてもらったんですね。名前は山口百恵。そしたら非常にきれいな顔の印象なんです。

時代劇の「銭形平次」や「大江戸捜査網」などの出演で知られる土田早苗さんに

似た、和の美しさがありました。私は直感的に「歌でうまくいかなくても、時代劇の女優さんならいけそうだな」と思ったりしました。

その写真は公園のブランコの脇に立っているものでした。決して着飾ったりしているわけでもなく、大地を踏みしめているというか、意志の強さを感じさせる雰囲気の写真でした。

15歳の山口百恵。「石鹸のような清潔感があった」(酒井氏)

私はそのとき池田さんにこう言いました。

「フォークっぽいものを歌わせたら面白いかもしれませんね」

すると池田さんもイメージがピンと来た様子でね。

「そうだ、フォークか、なるほど……」

そんな感じでした。

でも、いままでも初めて山口百恵の写真を見たときの、強い印象は忘れません。私はよく言っているんです。自分のなかで「想念」を持たないと、思う人には出会えないよ、と。

日頃から〝こんな人に出会いたい〟という「想念」を持っていれば、探している人に出会える。私が山口百恵に出会えたように。

彼女は牧葉ユミの「回転木馬」を歌って芸能界デビューにこぎつけるわけですが、桜田淳子や森昌子と比べて、そこまで大きな期待をかけられていた存在ではなかったですね。

まず、どことなく影の部分というのか、暗さがつきまとっていた。それから当時はまだ歌手として音域が狭かった。いわば合格点スレスレですよね。

ただ、彼女と面接する段になって、実際に初めて言葉を交わしたあと、私は山口百恵という存在がやけに気になってくるんですね。

そのときの第一印象というのは「それほど多くのことを話していないのに、ずいぶん長く話したような気がするなあ」というものでした。

どうしてそういう気持ちになるのだろう、と考えたとき、彼女の「表情」に惚れ込んでいる自分に気付いたのです。

私はもともと映画製作の仕事がしたくて、大学卒業後に松竹に入社しました。ところがちょうどその頃から日本の映画産業は斜陽になりまして、テレビが時代の主役になっていく。でも、私は映画が好きでそれをなかなか諦め切れませんでした。

松竹から日本コロムビアに転職したときも、「映画のテーマソングを作る」という気持ちで仕事に取り組みました。原作となる本を探すところから始めて、映像を自分の頭の中で作っていくわけです。

1964年、入社3年目に手がけた「愛と死をみつめて」。これは原作もベストセラーになりましたが、日本コロムビア初となる日本レコード大賞を獲得しました。いま思い返しても、まったくの幸運でした。

当時から私は、映像で物事をイメージする癖がありました。山口百恵さんという人は、まさに私が求めていた人だったように思います。

彼女が笑うと、暗闇のなかにパッとマッチで火をつけたような、あの瞬間の輝きにも似た、人の心をつかむ印象がありました。

普段の表情は地味で、ちょっと暗いように見えるけれども、あるときニコッと笑うと、ものすごく輝いて見える。その表情が心に焼き付けられる。この人は暗い人なんかじゃないんだな、とわかって内面にも魅かれました。

「表情」を持っている歌手はそう多くありません。かつて、寺山修司さんは私によく教えてくれました。

「酒井さん、アイドルは〝つくりもの〟じゃダメだよ。生の人間を出さないと……」

まさにその通りなのだと思いますね。

ホリプロに所属が決まり、1973年5月に歌手デビューした山口百恵だったが、デビューシングル「としごろ」はオリコン最高位でも37位と惨敗に終わる。

だが、それが「百恵伝説」の幕開けに相応しいエピソードになることを、酒井氏はこのときから予感していたという。

「デビュー曲」惨敗と「性典路線」の誕生

不思議なもので、大成する歌手は、たいていデビュー曲で転ぶんです。逆に最初にミリオンセラーというのはその後が危ない。どこかで気持ちが緩むんですね。

山口百恵の場合、もともと歌唱力については安心できない部分があったし、こういったスタートはあり得ると思っていました。

デビュー曲の「としごろ」でも、私は何か彼女なりの主張を入れてあげたいと思い、サブタイトルに「人にめざめる14歳」というコピーを打ったんです。これは私のこだわりでした。

ところが、それを見たファンが「人にめざめるって……何ですかこれは？」って言うわけですよ。売れないうえにまったく理解されないし、あのときはショックでしたね……彼女に重荷を背負わせてしまったようで……。

だから私も腹を決めました。

「よし、こうなったらもっとストレートに、過激なもので行こう」

そう決心したんです。

彼女には「石鹸」のような清潔さがありました。どんなに過激な歌であったとしても、彼女の持つ清潔感がそれを融和してくれる。桜田淳子さんが正統派の『明星』『平凡』なら、山口百恵は『プレイボーイ』『平凡パンチ』で行こう——そう決めて、デビュー2作目で過激路線の「青い果実」をリリースするわけです。

彼女はその路線を黙って受け入れた。心の片隅には「こんな歌なんて……」という気持ちがあったと思います。しかし、これは仕事であり、戦争であると。壁を乗り越えるんだというプロ意識が彼女を後押ししてくれました。

「青い果実」は確かに売れました。狙い通りヒットしました。しかし、その反動も大きくてレコード会社には全国の母親たちから苦情が殺到ですよ。

「こんな歌を14歳に歌わせてどういうつもりなんですか」とラジオ局に何度も呼び出されました。

しかし粘り強く「これはメッセージなんだ」ということを説明し続けた結果、〝性典路線〟も軌道に乗りまして、山口百恵は独自のスター路線を歩むことになるのです。

当時のアイドルに求められていたもの――それは人間の精神的陰影であり立体感であったように思います。

私は山口百恵の前に南沙織という歌手をプロデュースしましたが、実は彼女を売り出す際も、その「時代のニーズ」については強く意識していました。

私が当時意識していたのは「成長の記録」でした。何かを演じ続けるアイドルではなく、本人の内面的な成長を作品として見せる、リアリティを盛り込んでいこうと考えた。山口百恵はそうした期待に呼応してくれるアーティストでした。

あれはずいぶん後になってからの話ですが、彼女はコンサートでさんざん歌ったあとのトークで「お米の研ぎ方」なんて話をするんですよ。普通ならちょっと不自然な感じがするんだけれども、彼女が言うとそれが日常的な魅力になるんですね。そうした魅力を当時、多くの文化人たちが評価してくれました。

山口百恵は自分自身で「伝えたい」という気持ちを持っていると同時に、それをどう伝えればよいか、日々考え抜く努力家でもありました。

デビューから7枚目のシングルとなる「冬の色」。1974年12月にリリースされたこのバラード作品は、山口百恵自身初となる「オリコン1位」を獲得する。15歳11カ月での1位獲得は女性ソロ最年少の記録だった。

「3通り」の歌い方を用意してきた百恵

「冬の色」の2作品前の「ひと夏の経験」あたりから、彼女は明確に変わってきた。表情にも自信が出てきましたし、自分自身でより深く考えるようになってきました。「冬の色」は、心の内面を掘り下げた歌です。

山口百恵はこの歌を仕上げるにあたって、Aバージョン、Bバージョン、Cバージョンと異なる3種類の歌い方を自分で考えてきました。

われわれがミキシングルームにいて「それではお願いします」と指示を出す。彼女はテイク1でAバージョン、テイク2でBバージョンといったように少しずつ違う歌い方を披露していった。

「いったい、どれを選んでくれるんですか」

私たちはあのとき、試されていました。

彼女は言葉でそう言わないけれども、心でそう言っているのがヒシヒシと伝わってきた。彼女の「目覚め」を感じさせられたこの曲は、セールス面でもいちばん売れました。

私は歌手として、というよりも女優としての成長を感じましたね。表情が違っていた。凄みがありました。

その後、山口百恵は宇崎竜童さん、阿木燿子さんと出会い、自身の出身地にちなんだ「横須賀ストーリー」、これも非常にうまく歌いましたよね。

時を同じくして、彼女は谷村新司さんにもさまざまな薫陶を受け、陰に陽に影響を受けるようになった。もともと頭の回転が速く、何事も吸収できる年頃でしたから、彼女の成長は著しいものがありました。

当時、私の目から見ていて、山口百恵に「老成」を感じることさえありました。表現がうまくなりすぎたというのか、10代の少女でありながら、ふと腕を組む仕草など、同年齢の女の子には見えない瞬間がありました。

21歳で引退した山口百恵の芸能生活はわずか8年ほどに過ぎないのですが、もっと長い時間をともに過ごしていたように感じる理由は、彼女の驚異的な「成長」にあったのかもしれません。

彼女が20歳になるのに合わせ、「曼珠沙華《マンジューシャカ》」というアルバムを作りました。山口百恵に「阿修羅像」のイメージが重なっていることを感じていた私は、仏教の用語に何か彼女のイメージを言い表す言葉があるのではないかと思い、書店に飛び込みました。

そして、分厚い仏教の辞典を立ち読みしていて見つけた言葉が、この「曼珠沙華」でした。「天界に咲く白い花」という意味です。彼女はまさにそのイメージを見事に体現しました。

あまりにもその歌が素晴らしかったので、山口百恵のマネージャーであった小田信吾さん（後にホリプロ社長、現・最高顧問）と一緒に、広島のほうまでステージを見に行ったこともありました。

彼女は「なんでここまで来ているんだろう」と不審な様子でしたけどね（笑）。

当時は強行軍で、レコーディングが夜の10時くらいから始まることが多かった。それでも移動の車の中でデモテープを聞いて、必死になって曲を歌う。でもスタジオに入るときには、そんな素振りはまったく見せないんですね。

「曼珠沙華」のときはマンジューシャカの顔で来る。「プレイバック」のときはそれっぽい少し突っ張った顔になる。その頃はすでに完成されたアーティストでした。

ホリプロの小田信吾氏は、山口百恵の唯一無二のマネージャーとして信頼された人物だった。

仕事には厳しく、それでいて人情に満ちた小田氏は山口百恵にとって苦楽を共有する仲間であり、父のような存在であったと言われる。

その信頼関係は絶対的で、引退する数年前からは山口百恵の「独立話」が何度となく持ち上がった。

後に山口百恵はベストセラーとなった自伝『蒼い時』の中で、ホリプロ社長であった堀威夫氏について「意見や仕事に対する考え方の違いで、正面衝突したことも多かった」と告白している。

「小田氏と山口百恵はセットで独立」——しかし結果的にそのシナリオは幻となり、山口百恵は三浦友和との結婚を発表。

小田氏は百恵引退後の１９８４年、ホリプロ社長に就任する。

「独立」していたら不幸になっていた

山口百恵はなぜきっぱりと引退したのか、という点について、小田さんとの独立話が実現しなかったからというのは、理由のひとつとして間違っていないと思います。

ただ、結果的にそれは彼女を幸せにした。そのまま計画が強行されていれば、必ず大きなトラブルになっていたと思います。

彼女は独立を望んでいた。しかし小田さんが最終的に独立を回避した。彼女の心の中にはどこかで不満があったかもわかりませんね。でも、いまでも2人の信頼関係は続いているはずです。

小田さんは抜群に仕事ができる人でしたからね。激務のなかで、まれに体調を崩すこともある。そういうとき、山口百恵の中の「母性」が目覚めることがあるんです。満身創痍でも、いつも自分を支え続けてくれる小田さんに対して、絶対の信頼感が芽生える。彼女はホリプロではなく、小田さんのことを信頼するようになった。

私は彼女が「結婚」を宣言したとき、個人的にはほっとしたんです。初めて山口百恵を見たとき、「この子は普通に結婚して幸せになるタイプではなく、仕事に生きるしかない」という確信があったんです。薄幸に見えたんですね。でもそれが彼女の魅力でもありました。

ですから、三浦友和さんとの婚約は、私の見立てをいい意味で裏切ってくれたと思ったわけです。

私が彼女の結婚を聞いて喜んだのを見て、周囲の人間はこう言いました。

「酒井さん、ドル箱の山口百恵が結婚して引退するのになぜ嬉しい気持ちになれるんですか？」

でもそのとき、私はもう彼女とは家族の一員のような関係だったんですね。デビュー曲がうまくいかなくて、苦労しただけに思い入れも強かった。それは小田さんも同じだったと思います。

もし彼女が引退せずに、女優として活動を続けていたならば、本当に日本を代表する大スターになっていたと思います。

彼女は引退時にあれだけの表現力を持っていたわけですが、映画ではリメイク作品がほとんどで、後世に残るオリジナルの代表作がないんです。現役時代、忙しすぎてオリジナル作品に挑戦するスケジュールが取れないまま終わってしまった。それは私の個人的な「心残り」ですね。

彼女は「中3トリオ」として芸能界にデビューして、ちょうど高校、大学に当たるものが芸能界だったと思うんです。

あのような形で芸能界を引退したことについて、いまの彼女にはまったく、後悔はないでしょう。

しかし、引退した当時に心残りがまったくなかったかと言えば、そうとは言い切れないと思います。

彼女には身を削るような少女時代というものがあって、幸せな家庭願望もあった。表現活動への心残りはあったとしても、少女時代の願望というものは、それを上回るものだったと思います。

彼女にとって、8年間の芸能活動は非常に濃密でハードなものであったけれども、それは決して苦しいものではなく、普通の女性が高校、大学時代を振り返ったときに感じるような、夢中で駆け抜けた楽しい時代だったと私は信じています。そうでなければ、大事な2人の息子さんを芸能界に送り出すことはできないはずですからね。

私は、山口百恵の「伝説」を守り続ける彼女に敬意を表し、同じ時代に仕事ができたことに感謝したい。その気持ちでいっぱいです。

松田聖子

郷ひろみとの〝謎めいた破局〟の真相

1980（昭和55）年のデビュー以降、長きにわたって芸能界の第一線で活躍する松田聖子。60歳を目前とした現在も「アイドル」と呼ばれ、自己愛に満ちた、すべてが過剰なオーラはいまも失われることがない。

時代の顔であり続ける聖子の80年代におけるハイライトシーンは、やはり郷ひろみとの破局、そして神田正輝との結婚であろう。

「もし、今度生まれ変わったときには絶対いっしょになろうねって……」

郷ひろみとの破局記者会見でこの歴史に残るサヨナラの名文句を残したわずか1カ月後に、神田正輝との婚約を発表するのだから並の心臓ではない。

聖子はなぜ、郷と破局し神田正輝に乗り換えたのか。それはいまでも謎めいた部分が残されている。

当時を知る大手レコード会社幹部は語る。

「公式説明としては、家庭に入ることを望んだ郷に対し、歌をあきらめ切れなかった聖子ということになっていますが、ウソではないにせよそれが第一の理由ではなかったでしょうね。本質的な理由は、聖子が自分でも想像できなかったほど巨大な存在に急成長してしまった。それがさまざまな状況の変化を誘発したのではないでしょうか」

2人の謎めいた破局には、いまでも信憑性のあるものからトンデモ説まで、まことしやかな噂が流れている。

「聖子は石原裕次郎の愛人で、別れるために神田正輝があてがわれた」

などという「説」が代表例だが、先の幹部は一笑に付す。

「ありえませんよ。当時の裕次郎は、本人には知らされていませんでしたが重い肝臓がんを患っており、そもそもそれ以前から解離性大動脈瘤の手術をしていて、とても愛人を追いかけるような体力はなかった。聖子と正輝の結婚があまりに意外だったので、そうした説が出てきたのではないですか」

松田聖子と郷ひろみの「熱愛」の伏線は、まだ聖子が芸能界にデビューする前にさかのぼる。

聖子はそもそも、1970年代からスターだった郷ひろみのファンだった。芸能人どうしの結婚においては、一方が業界に入る前、相手のファンだったということはよくある話である。

仰ぎ見る存在だった郷ひろみと松田聖子は、レコード会社が同じCBS・ソニーだったこともあり接点を持つ。

聖子のデビュー翌年の1981年には早くも「熱愛」報道が出現し、二人も交際を公言するようになった。

1983年には二人の電話を盗聴したと思われるテープが飛び出し、「私がどれだけひろみさんのこと愛してるかわかってますか」「いやーん、もう抱っこして!」と電話でも〝ブリッコ〟だった「聖子」の声に日本中が仰天したのである。本物のように思えた迫真のテープだったが、二人はこれを黙殺した。

どこから見ても結婚は秒読みかと思われたが、聖子にとっての「誤算」は自分自身の内側にあった。

当時「2億4千万の瞳」をヒットさせていた郷ではあったが、30歳を目前にしてアイドルとしての人気は明らかに下り坂だった。

それに対し、「秘密の花園」「SWEET MEMORIES」「瞳はダイアモンド」など大ヒット曲を連打する聖子は、もはや商業的な意味で郷よりはるか格上の存在となっていた。

トップアイドルである自分が、上がり目のない郷と結婚していいのだろうか――。ほんの2、3年前であれば思いもしなかった考えが聖子の中になかったとは言い切れない。

郷はあくまで聖子と結婚するつも

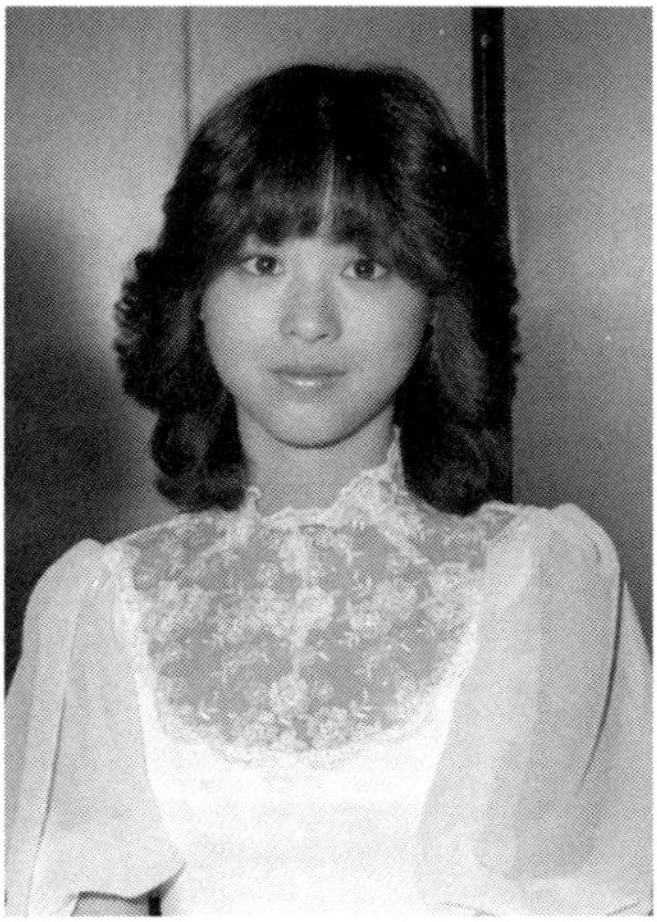

史上最強のアイドル

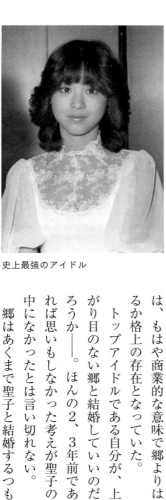

りでいたが、すでに聖子の心は映画『カリブ・愛のシンフォニー』（1985年公開）で共演した神田正輝に移っていた。

この映画がメキシコロケだったことも、郷にとっては不運だった。急速に距離感を詰めた神田は、郷と違ってスターぶることもなく、聖子が体調を崩した際には献身的に看病したという。

郷ひろみと松田聖子が別れたのは1984年末のことだったといわれる。

「聖子は別れたその足でハワイで待つ神田正輝に会いに行った。日付変更線をまたいで、一日に2人の男と会っていたんだ」

こう話していたのは生前の梨元勝（芸能評論家）であった。

聖子はその後、1997（平成9）年に神田と別れた後、6歳年下の医師と結婚・離婚を経て2013年に歯科医と3度目の結婚。その間、2000年には郷ひろみとのデュエット曲を発表している。

数々のスキャンダルを踏み台にして、無敵化した聖子は、かくしてファンにもアンチにもその生き方を語り継がれる存在となった。

桜田淳子

トップアイドルはなぜ「統一教会」に入信したのか

２０１７（平成29）年4月、かつて一世を風靡した往年の女性アイドル、桜田淳子が「ステージ復帰」を果たしたニュースが日本中を駆け巡った。

１９９２年、当事の統一教会（世界基督教統一神霊協会、現・世界平和統一家庭連合。本稿では統一教会と表記）主催の合同結婚式に参列。以降、芸能界から実質的に引退していた桜田であったが、２０１３年5月に育ての親でもあったサンミュージックの相澤秀禎会長の通夜に参列。また同年11月には「デビュー40周年記念」として、都内で20年ぶりとなる一夜限定ライブに登場。一部のメディアは「芸能界本格復帰への足がかりか」と煽り立てた。

もっとも、かつて史上最大の大型アイドルとしてスポットライトを浴びた桜田も、

2018年に還暦を迎えた。若い世代にとって「桜田淳子」はあくまで過去の人である。

1992年に日本中を騒がせた統一教会の「合同結婚式問題」は、若い女性たちが教祖的存在の男性と共同生活を送った「イエスの方舟事件」(1980年)、後の「オウム真理教事件」(1995年)と並び、空前の報道量を記録した戦後最大級の宗教事件である。

大衆の関心の背景には、トップアイドルであった桜田淳子や美人新体操選手として活躍した山崎浩子らが、信仰の名のもとに、名も知れぬ男との結婚を受け入れるという「不可解さ」が横たわっていたが、後に脱会を表明した山崎浩子とは対照的に、桜田淳子はいまも信者の立場で活動を続けていると言われる。その意味では、この「事件」はまだ終わってはいないのである。

桜田淳子の姉が統一教会に入信

統一教会は戦後の1954(昭和29)年、文鮮明(2012年に死去)によって創設された。

日本では1964年に宗教法人の認証を得ており、組織的な布教活動が始まったが、すでに1965年、統一教会系列の学生組織である「原理研究会」が日本国内で大学生や若者を次々と勧誘する手法が当事のジャーナリズムに問題視されている。

1967年には「原理運動対策全国父母の会」が結成され、教団にわが子を取られた親たちがスクラムを組んで「奪還闘争」を始めた。

後述するが、実はこの「父母の会」の秋田県支部の会長をつとめていたのが桜田淳子の父親だった。

当事、秋田県の地方銀行に勤務していた桜田淳子の7歳上の姉が統一教会に入信。このことが、後に芸能界入りした桜田淳子の「入信」のきっかけとなるのである。

宗教学者らの検証によれば、日本における統一教会が、いわゆる「霊感商法」など多くの問題を引き起こした理由には、少なくともある時期まで教団の「日本支部」が、韓国の本部にとっての「集金装置」として機能していたことがあげられる。

経済力と貨幣価値に勝る日本で、洗脳された信者らが反社会的な霊感商法により多額の金銭を集め、それを文鮮明のいる韓国に送金する。その金額は、1975年から1985年までの10年間で約2000億円にも及んだと言われており、当然ながら日本国内では統一教会の「霊感商法」(印鑑や壷、高麗人参濃縮液などを高額で売りつける手法)が社会問題化し、1980年代後半には国会でも取り上げられるようになった。

だが、このときはまだ「一部の被害者がおかしな宗教に騙された」といった程度の認識に留まっていたのである。

波紋を広げた月刊誌のコラム

統一教会の問題が一気に弾けるきっかけとなったそもそもの発端は、1992年5月、月刊誌『噂の真相』6月号に掲載された小さなコラムだった。

統一教会を脱会した信者の話として、次のような記述がある。

〈まず勧誘でクドかれたときに出た名前は桜田淳子。彼女のマネージャーをしている実のお姉さんが統一教会の熱烈な信者で、韓国で合同結婚式を挙げていて、しかもお兄さんが国際勝共連合の人です。また、新体操の山崎浩子も信者だと聞きました。お恥ずかしい話ですが私など『タレントや女優と結婚させてやる』と言われ期待して入信したんですが……〉

このとき初めて、桜田淳子と山崎浩子が統一教会の信者としてメディアに登場する。

翌月、『週刊文春』が、同年8月に予定されている統一教会の「合同結婚式」に、美人新体操選手として活躍し、ロサンゼルス五輪にも出場した山崎浩子が参加すると報道。さらに桜田淳子も参加予定であることがわかり、一気に報道の「洪水」が始まったのである。

桜田淳子はかつて、山口百恵、森昌子と並び「花の中3トリオ」と呼ばれたトップアイドルだった。

1972年、オーディション番組『スター誕生!』に出場した際には番組史上最高得点を叩き出し、これも史上最高となる25社からのオファーを受け芸能界入り（事務所はサンミュージック）した伝説を持つ。

デビュー後もその才能をいかんなく発揮し、70年代を代表するトップ歌手として同世代の若者に絶大な人気を誇った。

だが、当事の桜田淳子は家庭内にひとつの問題を抱えていた。それが前述した「実姉の統一教会入信」である。

地元・秋田県の銀行に勤務していた淳子の姉が家出し、教団に入信。両親は「被害者父母の会」に所属し娘の奪還活動を続けていたが、淳子がトップアイドルとして活躍するようになった直後の１９７３年、姉は突然「教会から除名された」と実家に戻ってきたのである。

両親は喜び、その姉を東京で活躍する淳子の世話係として送り込んだ。当事まだ高校生だった淳子はたびたび、実家の両親に孤独を訴えていたからである。

だが、この姉の「脱会」は偽装だった。相談相手が姉しかいない生活を送っていた淳子はたちまちオルグされ、19歳の頃に自ら統一教会に入信するのである。しっかりとした家庭に育ち、「芸能界一、純真で責任感の強い性格」と評された淳子であったが、その生真面目な性格がかえってアダとなってしまった。

1992年6月30日、桜田淳子は記者会見を開き、正式に合同結婚式への参加を表明した。教祖・文鮮明が信者の結婚相手を決めるこの「合同結婚式」は、統一教会の象徴的行事だが、いくら信者とはいえ、元アイドルが縁もゆかりもない男と結婚するというきわめて異例の事態に、芸能メディアの取材は「結婚相手探し」に集中した。

ソウルの「合同結婚式」に日本メディアが大集結

一方、ジャーナリズムの世界からは激しい「統一教会批判」が巻き起こった。それは言うまでもなく、1960年代から指摘され続けてきた原理研究会の強引な教団勧誘や霊感商法問題が解決していないところ、著名人を広告塔にしてさらに活動を拡大するのではないかという懸念である。

後になって、桜田淳子が入信を表明後、サンミュージックの相澤秀禎社長（当事）も、２００万円の壺を買わされていたことが判明した。桜田淳子は約20年間、サンミュージックに所属し、経済的な側面では同社に多大な貢献を果たしたが、19歳のときから入信していたとなると、芸能界での仕事とは彼女にとっていったい何であったのかという疑問が湧いてくる。

８月25日の合同結婚式を前に、山崎浩子、桜田淳子は別々に記者会見。さらに元バドミントン女王の徳田敦子も信者であることをカミングアウトしている。山崎浩子は京大卒証券マンの勅使河原秀行氏、桜田淳子は会社役員の東伸行氏とともにマスコミの前に登場した。

２人の「結婚相手」に対する報道が過熱する一方、一部の民放テレビ局は文鮮明の虚像と霊感商法についての特集番組を放送。ちょうど７月下旬からバルセロナ五輪が始まっていたが、この「合同結婚式」の話題は五輪をはるかに凌ぐものだった。

当事、騒動を取材した新聞記者が語る。

「ソウルで合同結婚式が行われたのは８月25日だったが、そこに押しかけた日本人メディアの数は、ちょうどその４年前のソウル五輪以上ではないかと言われたぐらいだった。統一教会を最も厳しく批判していたのはTBSの報道局で、当事はどんなに統一教会を叩いても、圧倒的な世論の後押しがあったので怖くない、というムードがあった。人気の桜田淳子や山崎浩子を洗脳し、わけのわからない信者と結婚させるのはとんでもない、というファンの声もかなり大きかった」

8月25日、ソウル・オリンピックスタジアムで開催された合同結婚式は日本でも中継され、カメラはもっぱら桜田淳子、山崎浩子の2人を追った。だが、この事件はまさにここが「本当の始まり」だった。

34歳のときに語った「信仰心」

3万組の夫婦が誕生した1992年8月25日の統一教会「合同結婚式」は、興味本位のメディアに大きく報道された。

結婚式が始まる5分前になっても広い会場で相手を探し出せない花嫁たちをワイドショーは面白おかしく報道したが、当時のテレビ局は統一教会側からの取材拒否（すでに教団に対して批判的な番組を放送していたTBSは合同結婚式の取材を拒否されていた）を防ぐため、表向きは統一教会批判を抑制した番組作りを守っていた。

しかしメインイベントである合同結婚式後にはそうした配慮も消え失せ、また大手芸能事務所のサンミュージックと桜田淳子の関係が実質的に断絶すると、統一教会バッシングはより激しさを増した。

なぜ、桜田淳子（あるいは山崎浩子）は芸能界での安定した立場を捨ててまで、社会的に批判の大きい教団への信仰に走ったのか。それには本人への取材が欠かせなかったが、結婚式直後はあまりに多くのメディアがこの問題を報道し続けたため、事前の記者会見後は一切、当事者の肉声が伝わることはなかった。

「すでに結婚した夫とは不仲の状態にある」などと報道されていた桜田淳子が、騒動後初めてメディアの取材（『週刊朝日』）に応じたのは１９９２年12月のことである。

当事34歳になっていた桜田淳子の言葉を拾ってみよう。

〈私、子どものころから神様がいることを自然の中で感じていました。芸能界に入ってからも、夢の中や直感で、将来こうなるなとか、前もってわかるんですよ〉

〈私の母も見合い結婚でした。祖母をたて、父に仕える姿を見て育った。私が結婚という言葉から連想するのは家庭です。夫婦じゃないんですね。子どものころ、秋田では三世代がそろっての大家族がふつうでした。世の中のために、私もいい子どもを産みたいです。ただ単に惚れたはれたで結婚するものではありません。文鮮明先生は、七代前までさかのぼって、私のことを理解してくれている。今回も、三万人もの結婚に立ち会われて、そんな方が、もし偽者だったら、これは大変なこと〉

〈私が13歳のときに、牧師が親戚を動員して、統一教会に入っていた姉を病院に入れたんです。逆洗脳っていうんですか。私は、違うんじゃないかって思ったんです。本当に悪いものだったら、自然に淘汰されるはずだし。そういうことはぜんぜん報道されない〉（『週刊朝日』１９９２年12月25日号）

統一教会の反社会的行為が報道されていることについては「よくないことだが個

人の責任であり、統一原理が否定されるものではない」という考えを述べた桜田淳子。マスコミに叩かれすぎたことで、逆に夫である東伸行氏との絆は強くなったとも語った。

その後、芸能活動を休止し、夫の地元である福井県敦賀市に移り住んだ桜田淳子であったが、数年間はメディアに追いかけ回される状態が続いた。

夫は父が経営していた撚糸会社を引き継ぎ、子どもの生まれた淳子は時折信者の集会に出ては講演する生活だったが、国内における統一教会批判は依然として続いており、「いまだ広告塔」といった論調の記事がしばしば週刊誌などで報じられた。

スパルタ指導で感じた「神」の存在

周囲からの「迫害」がいっそう信仰心を強めた形の桜田淳子とは対照的に、合同結婚式後間もなく教団を脱会し、結婚（合同結婚式には参加したが入籍はしていなかった）を白紙に戻したのが山崎浩子である。

山崎は1994年に『愛が偽りに終わるとき』（文藝春秋）を出版。統一教会への入信と脱会の経緯を回想している。

同書によれば、山崎が統一教会と出会ったのは1989年のこと。女性の友人から紹介された男から「3本で120万円」という高額の印鑑を購入したとき、本人の言う「悪夢」が始まった。

山崎浩子は1960年鹿児島県生まれ。高校時代に新体操を始めると、女性監督の厳しい指導で頭角を現し、全日本選手権個人総合で5連覇。1984年のロサンゼルス五輪にも出場し、可憐なルックスで新体操ブームの立役者となった。

競技引退後はタレントとして数々の人気番組に出演する一方、1988年に新体操スクールを開校し後進の指導に乗り出す。スクールの経営、そして後進の指導と不安だらけの毎日を送っていたとき、「印鑑を変えたほうがいい」という言葉に乗せられた山崎は、ついそれに応じてしまったのだった。

山崎が印鑑を購入すると、さらに霊能師と称する女性が近づいてきた。もちろん統一教会の幹部信者である。

山崎は統一教会の存在を知らなかったわけではなく、むしろ学生時代に霊感商法にのめりこんでいった友人を見て、「私に限ってああなることはない」と新興宗教を毛嫌いしていた。

しかし、文鮮明こそ「メシア」であるという刷り込みを何度も繰り返し聞かされるうち、山崎は当事交際していた男性とも別れ、多額の献金をするなど「統一原理」に傾倒していった。

山崎は前述の書で、文鮮明を信じた理由のひとつに高校時代の「ある体験」があったと説明している。

鹿児島の高校で新体操を始めたとき、そこにいたのは「鬼の指導」で知られた女性監督だった。

朝5時半に起き、5キロのランニングで始まる合宿生活。365日、正月も盆休みもなく繰り返された猛スパルタ指導。少しでもミスがあれば容赦ない平手打ちが飛び、8人の仲間のうち誰かがミスすれば全員、再度の練習が命じられた。

そんな地獄の練習が長く続き、いよいよ本番前になった瞬間、その女性監督はこれまで一度も見せなかったような菩薩のような表情を見せるのである。

女性監督は「神」に祈ったという。

「神様、私たちは一生懸命頑張ってきました。だからどうぞ最後までミスなく演技できますように……最後までお守りください」

ここでの「神」とはもちろん統一教会とは無関係だが、そんなとき、必ず本番でパーフェクトな演技ができた山崎は、「ひたすら疑わずに信じ、努力すれば報われる」という教えを信じる体質になっていたのである。

1992年3月、山崎の母が59歳で死去した。これを「祝福」（合同結婚式への参加）が遅れてしまったことの代償と受け止めた山崎は、同年8月に開催される合同結婚式への参加を決意する。

山崎浩子が記者会見で語った「脱退理由」

山崎浩子が統一教会の合同結婚式に参加する、と『週刊文春』が報じたのは1992年6月のことだった。

直後に桜田淳子も入信を表明。だが、ここから山崎浩子の周辺で「奪還運動」が勃発する。

同年8月に開催された合同結婚式後の11月、タレント・飯星景子が統一教会からの脱会を表明し大きな話題を集めたが、このことが山崎の信仰心に影響を与えることはなかった。

具体的に山崎の身辺で「変化」が起きたのは1993年3月のことである。今後の結婚のことで「話がある」という叔父夫婦と姉夫婦に半ば拉致される形で連れ去られた山崎は、約10日間にわたり、姉や反・統一教会の牧師らから脱会の説得を受ける。

当初、頑として懐柔されることを拒否していた山崎だったが、その態度を変えるきっかけとなったのは意外にもある本の一節に触れたことだった。

それは、統一教会を脱会した牧師から渡された『福音主義神学概説』（H・ミューラー著）という専門書であった。一晩をかけてその本を読んだ山崎は、「神の存在は、人間の理性や知性でおしはかることができる」という統一原理の教えに、「神は人間より小さな存在なのか」と根本的な疑問を抱くのである。

そこから「洗脳」が解けるのは早かった。

4月21日、山崎浩子は記者会見を開き「脱会」を表明した。

「昨年6月25日に私は統一原理を真理として信じるということを皆様の前でお話ししたわけなんですけれども……すべてが間違いであったとわかりましたので、世界基督教統一神霊協会より脱会することを決意しました。私の本当に軽率な言動で……」

8月、一度は婚約した「テッシー」こと勅使河原秀行氏と会い、すべての関係の解消と終焉を確認した山崎浩子は、別れ際に「じゃあ、浩子さん、またね」と言う勅使河原氏にこう返している。

「またはないよ」

悲劇のテッシーこと勅使河原氏は1995年8月、再び合同結婚式に登場。統一教会系劇団員だった住谷文子さんと無事結婚式をあげたが、皮肉にも当事は別の宗教である「オウム真理教」がメディアの話題を独占しており、大きな話題にはならなかった。

「夫」が語った騒動後の生活

桜田淳子、山崎浩子ら著名な芸能人の「入信」「結婚」「脱会」といった経緯は全国的な「統一教会バッシング」を巻き起こした。

有力メディアによる批判報道や、それまでの献金に疲れた信者たちの離脱により、信者の激減を招いたとされる。

「統一教会は著名人を広告塔にしている」という指摘もあったが、過去最大の有名人信者であった桜田淳子の信仰告白は、どちらかというと、信者を増やしたというより、教団へのバッシングを激化させた「負の功績」のほうが大きいように思える。

その後、1995年に「オウム真理教事件」が起きるまでメディアの「統一教会批判」は続き、全国で教団を相手取った訴訟が多数、提起された。

そのうち有名になったものに「青春を返せ訴訟」がある。

これは脱会した元統一教会信者が、違法な勧誘方法によって結果的に信教の自由を侵害されたとして、統一教会に損害賠償を求めたもので、1987年以降同様の趣旨で複数の訴訟が起きている。

2000年には全国で初めて、統一教会の違法性を認定する控訴審判決（広島高裁岡山支部）が言い渡され、その後、統一教会側の敗訴が確定した。もちろん統一教会側が勝訴した訴訟もあったが、訴訟全体の大部分は、教団が一定程度の賠償責任を認めた和解に終わっている。

これほどのバッシングを受けても信仰を捨てなかった桜田淳子は夫との間に3人の子どもをもうけ、夫が経営した会社を清算した後は兵庫県（2000年〜）、東京都世田谷区（2004年〜）と移り住んだ。

生計については、会社を整理した後の資産運用でまかなっていると伝えられているが、桜田淳子本人がメディアの取材に対応することはなく、また教団を脱会するということもなかった。

騒動から3年後に、週刊誌の取材を受けた桜田の夫、東伸行氏は次のように語っている。

〈確かに淳子さんという有名人の結婚相手として選ばれたわけですから、プレッシャーはありましたよ。私自身、教会に入信した以上、仮に文（鮮明）先生の選んだ相手と別れるようなことにでもなれば、一生独身を通す覚悟でいましたが、相手が淳子さんとなると、単に好き嫌いの問題ではない。正直にいってさすがにこれはえらいことになったな、と思いましたよ〉

〈でも今は幸せで、何にもないのが怖いくらいです。最近では淳子さんと2人でよく、当事は大変だったね、と話し合っているほどです。何せ、（山崎）浩子さんの脱会騒動の時には、毎日100人ものマスコミから24時間追いかけられていましたからね。いま思えば、それがよかったのかもしれません。マスコミという共通の敵からお互いを守るという、連帯感のようなものが芽生えたのかもしれませんね〉

〈確かに修練会には参加しましたが、機会があれば行くのは信者として当然の義務。その時、文先生の前で彼女が歌ったのは『秋田音頭』や『ふるさと』など日本語の曲を3曲程度。それ以外の活動は、日曜日の礼拝くらいですが、最終的には文先生が再臨のキリストだという教義が崩れない限り、我々が統一教会から離れるということはありえません。少数意見は常に世間から異端と見なされるが、必ずしも多数意見が正しいわけではない。また、マスコミから追いかけ回されるような状況になるかもしれませんが、本物ならばいくら袋叩きにあっても、必ず生き残るものですよ〉（『週刊新潮』1995年4月6日号）

このまま今後一切、表舞台に立つことはないのかと思われた桜田淳子が沈黙を破ったのは2006年のことである。

同年11月、著書『アイスルジュンバン』（集英社）を上梓した淳子は、そこで主婦として生きた14年間の生活を綴った。しかし、肝心の「信仰」については一切触れていなかったため、評価の分かれる本になった。

その後、『婦人公論』のインタビューにも応じた淳子は、著書の内容について、統一教会の騒動について隠したつもりはないが、それに触れれば、また不毛な泥試合が始まるのは目に見えており、それは避けたかったという趣旨の説明をしている。

広く世間一般に自分自身の信仰と本当の気持ちを理解してもらうことを諦めたかのような説明であったが、実際、その後も現在に至るまで、桜田淳子は一切、騒動について発言することを避けている。

往年のファンの間に残る「神通力」

２０１３年５月、サンミュージックの相澤秀禎会長の通夜に参列した桜田淳子は同年10月、かつてのファンを前にステージで歌を披露した。

このときは40周年のベストＣＤを購入したファンのうち、抽選に当たるとチケットを優先して購入できるという仕組みだったが、３８１席のチケット価格は高騰し、オークションサイトでは20万円の値がついたほどだった。

「20年ぶりのステージとはいえ、やはり一時代を築いたアイドルの神通力は健在でしたね」

と取材に当たったスポーツ紙記者が語る。

「かつてのサンミュージックの同僚であるタレントの太川陽介が登場し、進行役をつとめていました。かつてのヒット曲を無難に歌う姿に『ずっと見ていたいなあ』と太川が声をかけたとき、桜田淳子は『さあ？』とはぐらかしていましたね」

相変わらずの人気ぶりに芸能界への本格復帰を指摘する声も上がったが、サンミュージック関係者は「統一教会からの脱会がなければ淳子の復帰はない、というのが亡き相澤会長の遺言だった。復帰はありえない」と口を揃える。

すでに当事の騒動は風化し、いまさら桜田淳子の「責任」を問う声があるのだろうか——そう感じるファンも多い。しかし、長年統一教会の霊感商法問題と戦ってきた弁護士らは、次のような「問題点」を指摘している。

①かつて「桜田淳子も来るから」と勧誘され合同結婚式に参加し、韓国人男性を配偶者としてあてがわれた日本人女性は約7000人いるが、その多くが言葉や文化の壁を克服できずにいまも苦しんでいる。

②1987年以降、霊感商法の国内被害相談金額は約1182億円にものぼり、実際の被害額はその数十倍になると見られている。桜田淳子が広告塔として果たした社会的責任は大きく、何の説明もなしに芸能界へ復帰することは認められない。

桜田淳子からすれば、進んで霊感商法や合同結婚式を周囲に勧めたつもりはないのだろうが、夫婦そろっていまも信仰を守り続けているところを見る限り、桜田淳子が今後、何らかの形で統一教会との関係を自らの言葉で総括する可能性は低そうである。

岡田有希子

18歳の現役アイドルが「投身自殺」した本当の理由

1986（昭和61）年4月8日。あの日の「衝撃」からはや35年以上の時間が流れた。もし彼女が生きていれば、現在すでに50代半ば。だがその姿はどうしても想像することができない。

現役アイドルだった岡田有希子《ゆきこ》（当時18歳）が所属するサンミュージックのビルから飛び降り自殺。この事件は当時の青少年に強い衝撃を与え、その後1カ月の間に、全国で50人以上の若者が「後追い自殺」するという「ユッコ・シンドローム」が社会問題になった。

岡田有希子は「最後の正当派アイドル」だった。

1984年4月、『スター誕生！』で優勝し芸能界入り。清楚なルックスで、事務所の偉大な先輩である松田聖子の後継者として期待された存在だった。

芸能記者が語る。

「彼女はもともと1982年の時点で『スタ誕』の決勝大会に進出が決まっていたのですが、両親が厳格な方で娘の芸能界入りに大反対。しかしどうしても歌手になる夢を諦め切れない本人に、学年1位の成績を取ることなどを条件に出場を許可。彼女はそれをクリアして、何とか芸能界への扉を開いたのです」

やんちゃな少女時代を送っていた聖子や明菜と比べ、岡田有希子は正真正銘の「優等生」。ヘアスタイルにも昭和アイドルの匂いが残っており、当時人気を集め出した「おニャン子クラブ」あたりには、まずいないタイプだった。

最強の正統派アイドル

1984年、『ファースト・デイト』でデビューを果たすと、その年の音楽新人賞を総なめにし、1985年にはドラマ『禁じられたマリコ』で初主演を果たした。

このとき、岡田有希子は後に自殺との因果関係が取り沙汰される、24歳年上の俳優・峰岸徹と出会っている。

「当時、サンミュージックの伝統で、彼女はまだ会長の自宅に住み込んでいて、そこから仕事場に通っていたはずですから、仮に交際するとしても公然とはいかなかったはずです」（前出の記者）

岡田と峰岸が交際していた——そういう話は岡田有希子の死後に出てくるのだが、当時そうした熱愛を伝えるような報道はない。

1986年1月に発売されたシングル『くちびるＮｅｔｗｏｒｋ』がオリコン1位となり、芸能活動はいたって順調に見えたが、本人の心中は不安でいっぱいだった。この曲は松田聖子作詞、坂本龍一作曲という、いわば1位にならなければいけない曲だった。

通常であればそうした楽曲を提供してもらい喜ぶところだが、根が真面目で考え込む性格の岡田は、かえって自分の力不足を意識してしまう。

この年3月、堀越高校を卒業した彼女は南青山のマンションで一人暮らしを始める。しかし、本人の「漠然とした不安」は大きくなるばかりだった。

自殺前日の4月7日夜、岡田は映画の試写会に出席し、いつもと変わらぬ様子で仕事をこなす。しかし、帰宅後に着替えて外出した岡田は、成城にあった峰岸の自宅周辺へ向かう。そして早朝、タクシーで自宅へ戻った彼女は、左手首をカッターで切り、自殺を図るのである。

このニュースはすぐにメディアに伝わり、大勢の記者が病院前に駆けつけたが、まったく動きがない。

実はこのとき、命に別状がなかった岡田は事務所関係者に連れられ、本社ビルへ移動していた。もう大丈夫だと油断したのか、関係者がほんの少し目を離したスキに、岡田はビル屋上へ駆け上がると、そのまま20メートル下の歩道に身を投げた。午前11時50分ころのことだった。

自殺の原因について、すぐに報じられたのは「遺書」に書かれていたという内容だった。それが前出の俳優・峰岸徹との「失恋説」である。

連ドラで共演し、好意を抱いた岡田に対し、峰岸が冷たい態度を取ったため、心の空白を埋め切れなかった岡田は衝動的に自殺した――だが、峰岸本人は会見でそれを否定した。

「兄のつもりだったが、彼女にはプラスアルファの気持ちがあったのかも……ただ僕のことだけが原因だったのか、１００％かどうかは疑問です。彼女とは1カ月か2カ月半前に電話で話したきりです」

謎めいた自殺は憶測を呼び、峰岸ではなく他の俳優との失恋だった、あるいは妊娠していたといった推測が飛び交う騒ぎとなった。

「少なくとも、当時10代のアイドルを事務所が野放しにすることはない。男女の関係にあった可能性は低く、恋愛経験のなかった彼女が何らかの理由で悩みを抱え込み、精神的に思い詰めてしまったのが真相ではないかと言われています」（前出の記者）

18歳の現役アイドルが自殺した衝撃は全国に広がり、その後数十人の若者が「後追い」と見られる自殺を図った。一途で真面目な彼女のファンもまた、同じような性格だったのである。

その後も俳優として活躍した峰岸徹は２００８（平成20）年、肺がんのため65歳で死去している。

ビートたけし
「フライデー」襲撃と写真週刊誌の凋落

ビートたけしが弟子のたけし軍団とともに講談社に乗り込み、写真週刊誌『フライデー』編集部を襲撃したのは１９８６（昭和61）年12月９日のことである。

前日８日の午後10時ごろ、たけしは交際中の女性に対する契約記者の取材の方法にクレームをつける電話を同編集部にかけている。

「話がしたい。俺の部屋まで来い」

だが『フライデー』編集部側は対応しなかった。

深夜になり、再びたけしから電話。

「いまからそちらにいく」

このとき対応した編集部員と口論になり、激昂《げきこう》したビートたけしは11人の軍団員を引き連れ、午前3時、講談社5階にあった編集部を急襲する。傘や消火器で副編集長らをメッタ打ちにする暴行であった。

たけしと軍団員は逮捕され、同日、釈放。たけしは懲役6カ月、執行猶予2年の有罪判決を受け、以後およそ半年の間、テレビ、ラジオから姿を消すことになった。俗に「フライデー事件」と呼ばれるこの一件は、写真週刊誌の強引な取材手法に対する反発とプライバシー意識の高まりを喚起させ、以後、同種メディアの衰退を招く契機になったとされる。

後発写真週刊誌の『タッチ』（小学館）や『エンマ』（文藝春秋）は事件から間もなく休刊。（『エンマ』は1987年、『タッチ』は1989年休刊）

日本初の写真週刊誌であった『フォーカス』（新潮社）も、2001年の休刊会見では、担当役員の松田宏氏が「『フライデー事件』の影響で写真週刊誌のイメージが落ちた」と、部数低下の要因のひとつとして、この事件を挙げている。

ビートたけし個人としても芸能人生命を失いかねない重大事となったこの一件は、80年代最大級の芸能事件として、いまなお多くの人々の脳裏に刻まれている。

別冊宝島編集部は2006年、事件当時講談社の担当取締役として対処に当たった伊藤寿男氏（『フライデー』創刊編集長）に、事件について取材（別冊宝島『戦後ジャーナリズム事件史』所収）。証言をここに再録する。

なお残るたけしに対する相反感情

「最近は、あの事件を知らないという若い人も多く、改めて時の流れを痛感します」

と語るのは『フライデー』の創刊編集長で、事件当時は講談社取締役第一編集局長であった伊藤寿男氏である。

「あの事件が写真週刊誌の衰退を招いたのかと聞かれれば、そうとも言えるし、そうでないとも言えるように思いますね」

伊藤氏は1934年静岡県生まれ。1958年に講談社入社後、『現代』『週刊現代』編集長などを歴任し、1984年に創刊した『フライデー』においては創刊編集長として陣頭指揮に当たった。

事件の責任を取る形で１９８８年2月、講談社を退社した後に、「株式会社テーミス」を設立し、学研と組んで『週刊テーミス』を発刊。現在（２００６年）は同名の会員制月刊総合誌を刊行している。

「私自身は、あれがとりわけ重大な事件であったとは思っていません。テレビや新聞でも報道にまつわる事件はいくらでもあります。でもそれを乗り越えるのがマスコミとしての使命であって、畏縮してしまうのではお粗末な話ですからね」

伊藤氏は事件の責任を取って退社したが、そこでの「責任」とは編集局長としての管理責任のこと。出版ジャーナリズムとはまた別の次元の話というわけである。

「事件そのものへの反省は必要です。あのとき、発端は記者の暴走という面もあって、彼の取材方法に問題があったと言われれば否定できない（この件を担当した元契約記者のI氏は、取材の際、たけしの交際女性にケガをさせたとして傷害罪の罰金刑が確定している）。ただ彼が罰金10万円の刑を受けたからといって、それだけでは収まらないし、記者を辞めさせたらそれで済むという問題でもない。その反省を乗り越えていく気概がなければジャーナリストなどやっていけません」

当時、編集部側にもおごりがあったことは否めないという。

「あのとき、他部署に比べとりわけハードで、しかも会社の稼ぎ頭となっていた『フライデー』編集部内には、もっと賞与を多くして欲しいとか、多少のことは許されるといったムードがあったことは確かです。私はそのとき編集長を退いて現場にはいなかったが、それでもわかっていた。これは反省点です」

『フライデー』の世間的な印象が悪くなった理由には、事後に開かれた記者会見にもその一因があったかもしれない。

「ふだん他人のプライバシーを侵害しておきながら、自分らが被害に遭ったときはキレイごとを並べる」

と編集部を非難する世論は、あのときたしかにあった。だが、伊藤氏はこう反論する。

「あの会見は他マスコミの要望に応えるかたちで事件の経緯を説明したというだけのことで、なにも後ろめたいことはない。（1カ月後の誌面で『読者の皆様へ』と題した事件に関する説明を掲載したこともあわせて）それをやらないところもいっぱいあるなかで、当然のことを主張しただけです」

それでも、マスコミ各社の『フライデー』に批判的な報道スタンスは変わらなかった。

「新聞やテレビは、写真誌ジャーナリズムに対してある種の畏れを持っていたと思います。テレビには人気芸能人を守る意識もあったんでしょう。事件における被害者はあくまでウチでしたが、擁護の論調はなかったですね」

たけしが語った事件の「総括」

事件の前から「写真週刊誌の取材は行き過ぎており、プライバシーを侵害している」との世論は醸成されていた。

「フライデー事件」の8カ月ほど前には、アイドル・岡田有希子が自殺する事件が発生。その遺体の写真を複数の雑誌が掲載したことから、「売れれば何でもありなのか」という論調はいっそう強まった。

もっとも、写真週刊誌に追われる政治家や公人は、これに乗じた形で「写真誌＝

ったのである。

悪」「買うべきではない」というキャンペーンを積極的に後押しした。まだインターネットのなかった時代、雑誌の持つ影響力はいまと比べ物にならないほど大きかったのである。

一方、ビートたけしは、事件から約12年後の1999年1月、同じ『フライデー』誌上で次のようにコメントしている。

「もとはオイラ個人の問題だったのに、社会的な大事件になったことで、報道倫理とかジャーナリズムのありかたとか、変な方向に話が広がっちゃったよね。いまから思えば、写真週刊誌に歯止めをかけたい連中に、利用されたなっていう悔しい気持ちがあるね。残念だよ」

これを伝えると伊藤氏は「本当にたけしがそう言ったの？　でもまさにそのとおりですよ」と、ちょっと驚いたような顔を見せた。

この事件では、同業の出版業界も『フライデー』を擁護しなかった。

「新聞なら記者クラブでまとまって世論を形成するという動きもあるんですけど、雑誌の場合、私自身、日本雑誌協会の雑誌記者会幹事長を務めた経験から言っても、他誌の失敗は『自分のところのチャンス』とする意識が強いんです。だからこの件でも、講談社側の援護射撃をするところは一切なかった」

ビートたけしはその後、伊藤氏が講談社を退社したあとに立ち上げた『週刊テーミス』で、映画論のコラムを連載している。

「彼の映画評がおもしろいということで、私としてもいつまでもソッポを向きあっていてもお互いのためにならないとの気持ちもあって、直接会って率直な意見を交換したんです。いくつかの雑誌から連載の話があったようだけど『いろいろあったし、テーミスでやってみたい』ということで、それには男気を感じたね」

ただ、そうはいいながらも、たけしに対する複雑な思いを拭いきれないでいるともいう。

「人間対人間ということでは和解したけれども、いまだに私も半分半分。許せないという気持ちもありますよ。当時の編集部員であればなおさらで、Hくん（＝事件の際にケガを負わされた副編集長）はその後、病気で亡くなったんだけど、あれは憤死だったと思ってますから。それを考えると、たけしとは生涯握手をしてはいかんのかなと、いまになって考えたりもするんだけど……」

たけし「独立騒動」で見えた軍団との絆

1996年には『フライデー』誌上でも「10年目の編集部来訪」と題した、たけしと講談社の和解を強調する記事が掲載されたが、これには「それはやるべきでない企画ではないか」と、編集部内にも異論の声が少なからずあったという。

「事件への反省とは別に、あのとき社に残って闘い続けるべきだったかな、という反省はありますね」

闘うとは、たけしを見てだけのことではない。事件を機に写真誌の言論封殺を狙うさまざまな圧力に対し、ジャーナリズムを守る闘いのことである。

反・写真週刊誌の世論を形成しようという、既存権力によるネガティブキャンペーンはあのとき、結果として成功をおさめたことになるのだろう。

この「フライデー事件」以降、写真誌は部数低下を続けることになる。

創刊以来うなぎ上りに部数を伸ばし、事件前には200万部を誇ったという『フライデー』も、その後は部数が降下。現在（2006年）は実売ベースで10万部を切るなど減少傾向は止まっていない。この数字をもって「写真誌の役目は終わった」とする声もあるが、伊藤氏はこれに異を唱える。

「事件が写真週刊誌の部数降下を招いたのは事実であるけれども、そのマイナスを乗り越えて、新しい写真誌の魅力を出していかなくては。それがジャーナリスト、編集者の気概というものです。『フォーカス』休刊の会見を見たときにも思いましたが、どこか心の片隅で『フライデー事件』の影響のことを感じていたとしても、他社の事件を口に出して言っちゃあイカンでしょう。ジャーナリズムとはやせ我慢の仕事なんですから」

記者会見したビートたけしは謝罪と同時に自らの正当性も主張

※

事件で長期謹慎を強いられたビートたけしだが、その後芸能界の中心に復帰。それまで所属していた太田プロダクションを退社し、オフィス北野を設立したのは事件後の1988年のことである。

後にたけしは、フライデー事件で記者会見した際、「引退しないんですか?」と問われ、その場で「お前に言われる前に辞める!」と言えなかった自分自身に腹が立ったとも語っている。

1994年にはバイク事故を起こし、生死の境をさまようなど再び芸能人としての危機を迎えるが、その後不死鳥のようによみがえり、いまなお第一線で活躍しているのは周知のとおりである。

2018年、たけしは30年近く所属したオフィス北野を去り、個人事務所を立ち上げた。また、2019年には長年連れ添った妻とも離婚し、世間を騒がせている。

一連の独立騒動のなかに垣間見えたものは、あの事件で行動をともにした「たけし軍団」メンバーとの絆の深さである。

「フライデー事件」は取材者と取材される側の双方が絶頂にあった時代に起きた「激突」だった。

ひとつのメディアが時代と対峙するようなエネルギーを持っていたことに対する驚きとともに、この事件は「たけし伝説」のハイライトとして語り継がれていくことになるのだろう。

装丁／bookwall
本文DTP／ユニオンワークス
写真／共同通信イメージズ

令5.3.4

宝島社新書

証言　昭和史の謎

（しょうげん　しょうわしのなぞ）

2022年2月24日　第1刷発行

著　者　別冊宝島編集部

発行人　蓮見清一

発行所　株式会社　宝島社

〒102-8388 東京都千代田区一番町25番地

電話：営業　03(3234)4621

　　　編集　03(3239)0646

https://tkj.jp

印刷・製本：中央精版印刷株式会社

First published 2018, 2019, 2020 by Takarajimasha, Inc.

ISBN 978-4-299-02736-8